枯れない男のセックステクニック

田辺まりこ

Tanabe Mariko

ベスト新書
194

はじめに

こんにちは、セクシャルアカデミー校長の田辺まりこです。

私は、20代を銀座のクラブ『姫』ナンバーワンホステスとして過ごし、多くの男性と接してきました。これまで関係を持った男性は1000人以上。スポーツ選手や財界人、俳優など、一流の男性達のお相手をさせていただきました。

でも、ベッドを共にした何百人の男性の中で、私を本当に喜ばせてくれたのは、たったひとりだけ。その男性との出会いによって、私のセックス観は大きく変わることになったのです。

悲しいことに、99%の女性はセックス中に演技をしています。

私も彼と出会うまでは、それが当然だと思っていました。でも、演技なんて男性にとっても女性にとっても不幸なこと。みんなにもっと幸せなセックスをしてほしいという思いで月に一度開設している講座が「セクシャルアカデミー」です。

私はこの講座を通じて、その男性のテクニックを広めることになりました。

世の中にはさまざまなセックスのノウハウが溢れています。しかし、女性の本音や女心をきちんと教えているものはどのくらいあるでしょうか。ほとんどが、男性の勝手な想像で作り上げたファンタジーです。女性が真にセックスに求めるもの、それを世の男性に知っていただきたいのです。

本書は、男性視点で書かれた他のテクニック本とは異なる、女性が教えるセックス教本なのです。

特に、中高年とよばれる世代の男性に向けています。若い方ではなく、年を重ねた男性こそ、女性の気持ちを理解してあげられると思うからです。あなたも、1000人のうちのひとりになってください。そうすることで、あなたと接する女性を幸せにすることができます。

あなたが喜ばせたい女性は誰ですか？　奥さんですか？　いきつけのお店の女の子ですか？　どんな女性でも、喜びを感じるポイントは同じです。女性に本当のセックスを教えてあげるためにも、自分を変えてみましょう。

外見、内面、ベッドテクニック。これさえあれば、50代からのモテ期も夢じゃありません。腰を振るより、愛撫を丁寧に。大切なのは、ペニスではなく愛情と優しさです。あなたが意識を変え、少しのテクニックを学べば、きっと女性を幸せにすることができます。それには、あなたが若くないことを有効に生かすべきです。

確かに、枯れた魅力のある「老紳士」も素敵かと思います。しかし、男性的な魅力はいつまでも持ち続けてほしいのです。「色気」を忘れず、枯れない男を目指して女性を満足させてあげて下さい。

田辺まりこ

目次

第2章 「男」の衰えをくいとめる

第3章　愛撫を変えればセックスは変わる！

第4章 性器愛撫と三所《みところ》攻め

第5章　中高年交接のススメ

オトコ遍歴プロファイル

第1章

セックスは
50代からが楽しい

1. なぜ中高年はモテうるのか

中高年男性でもセックスに向いている？

あなたはセックスに自信がありますか？　男としての自信を持っていますか？自分を魅力的な男性だと思いますか？

若い頃は激しいセックスに明け暮れたという人も、中年を過ぎれば色々な意味で衰えが始まります。でも、これで俺もダメだなんて思う必要は全くない。若い頃のようにいかなくても、工夫次第で無理なく充実したセックスはできるのです。

今日本では、50代くらいで「男としての自信」を失っている男性が急速に増えています。会社でも家庭でも様々なストレスを抱えて、心身ともに擦り減っていく。それに伴い、性機能にも衰えが見え、徐々にセックスからも遠のいていく……。こんな風に、まだまだ若いうちから男として枯れてしまっている人も少なくありません。でもそれは、とってももったいない考え方です。

中高年男性には、若者にない魅力がたくさんあります。その魅力にあなた自身が気づくことで、これからの人生を大きく好転できるのです。「もうジジイだから」って、諦めの心境になっている場合じゃありません！　本書を通じてあなたも魅力的な男性に生まれ変わりましょう。

「カレセン」時代の女性が求めるもの

最近「カレセンブーム」なんてことが言われています。「枯れ専」、つまり枯れた50代60代を好む若い女性のことです。このカレセン女性たちが中高年男性に惹かれる理由は、「癒し」です。身勝手で偉そうにしているオヤジには惹かれない。もっと女性の気持ちも尊重してほしいという表れだと思います。

こういう女性たちは、おじさんと居酒屋でのんびり一杯やりたい、と思っているようです。目があったら、一瞬目を合わせてから恥ずかしそうに目をそらす、なんていうおじさんの姿に、女性はキュンとしちゃうわけです。

よく男性は、女性とスムーズに会話できないことに悩んでいます。私がそんな男性にいつも教えているのは、「自分がしゃべろうとしない」こと。何か気の利いたことを話そうと焦るから、相手の反応を窺って上手く話せない。どんどんドツボにはまってくのです。

それよりも、女性と会話するいい方法は名インタビュアーになることです。女性が話したくなるような、巧い質問をする。例えば

「今までもらったプレゼントで何が一番嬉しかった？」

というと女の子は、喜んで様々なエピソードを話してきます。それに相槌を打ってあげれば、女の子は勝手に満足するのです。「ああ、今日なんか楽しかったな」と、あなたとの会話が記憶に残るのです。

ギラギラして自分の自慢話ばかりする同世代よりも、ちゃんと自分の話を聞いてくれる。そういう女性の願望がカレセンブームの本質だと思います。

しかし、いくつになっても恋愛や性には肯定的でいたいもの。カレセン的な洗練度は身につけながらも、ここぞという時には男の色気を大切にした枯れない男を目指しましょう。

コンプレックスを持つ男は努力する

あなたがもし、男としての自分に何らかのコンプレックスを持っているとしたら、それはラッキーなことです。なぜなら、コンプレックスを持っている男性は努力をするからです。

私が付き合った１０００人近くの男性の中で一番セックスが上手で、私を夢中にさせた男性は、率直にいってハンサムとは言えない人でした。それに身長だって高くない。でもほんとうに女心がわかる人で、自分自身でも解放しすぎてしまうのが怖いくらいに夢中になりました。彼はもともとのセンスもあったのでしょうが、やはり自分の持てるものの中で努力していたと思います。

芸人さんもそうですよね。「女にモテたい！」というエネルギーで上を目指す人がいます。男性が抱えるマイナスのパワーがプラスに働くのです。権力と金が女性を引き寄せるってやっぱりあるのです。だから美貌を持っていない男性は、社会的に成功したいと思う。「英雄、色を好む」って本当です。

これまで数々の芸能人や野球選手達と付き合ってきましたが、モテるから彼らは本当に努力しない。それなりに数をこなして遊んでいるから、普通のセックスじゃ満足できず、変態に走る人も多いですね。そうやってどんどん身勝手になっていく。

もしあなたが勃起力に自信がないなら、その分徹底的に愛撫に努力を傾ければいいのです。負の要素は、あなたを男性として輝かせる燃料のようなもの。自分に自信が持てるように、マイナスをプラスに変える努力をしてみましょう。

モテる4大要素

では、女性に好まれるモテの要素とは何でしょうか。それは突き詰めてみれば、

①外見　②内面　③ベッドテクニック　④経済力

の4つです。私が1億貢ぐほど溺れた男性に出会った時は、まず外見に惚れ、情熱に惚れ、そしてテクニックに惚れました。

まず、不快感を与えないことが必須です。ハンサムじゃなきゃだめとか、体型がどうとか、そういうことではありません。容姿は好みの問題もあるので、とりあえ

ず嫌われないように身だしなみに気を使うべきです。それから溢れ出るフェロモン。男の色気を女性は敏感に嗅ぎ取ります。

内面というのは、グッとくる言葉や優しさで女性をいかにお姫さまのように優しくしてあげられるかどうかです。

そしてベッドインまで持ち込めたら、女性を離れさせないような魔力的なテクニックが必要です。

最後の経済力ですが、やはりこれに弱い女性は多いのが事実です。でも女性が男性に夢中になれば、経済力など案外関係なくなることもあります。

例えば私の場合、ある男性とジュエリーショップのショーウインドーを眺めていた時に、彼からこう言われました。

「君に似合うのはこの中にはないな。そのうちもっと大きな宝石を背中に背負わせてやるよ」。

要するに、彼は当時私に宝石を買ってくれるほどお金を持っていなかったのです。

でも同じお金がないという表現でも、くどくど弁解がましく言われたら嫌になりますよね。そこを、「いつかもっとすごいのを買ってあげるよ」と言うのです。このように女性を夢見心地にさせてくれるような言葉が出てくれれば、女性は許せてしまうのです。女性がニコニコしていられるようなムードを作ることができれば、男性だってもっと頑張れるでしょう。お金がなくても、態度や仕草で女性に夢を見させてあげることです。

ある映画で、男性が女性に、1本の花をパッと出してプレゼントするシーンがありました。女性はたった1本の花でもとても喜ぶのです。たとえ100本の花を用意する財力がなくても、1本ずつ100回プレゼントすればいいのです。

外観、内面、ベッドテクニック、経済力。この4つが揃っていると、女性に愛される男になります。いろんな女性にセックスさせてはもらえるけど誰からも愛されてない人もいるし、セックスした女性は1人でも、そのひとりから死ぬほど愛される人もいる。それは、これからあなたがどれだけ自分磨きをするかにかかっています。

時間をかけてこそ楽しいセックス

私のセックス講座に来る生徒の平均は、年齢35歳、これまでにセックスをした女性はだいたい5～6人、そして、セックスにかける時間は愛撫を入れても15～20分。はっきりいってこれは短すぎます。

女性の体は男性のようにすぐには興奮してこないもの。20分だと、女性がやっとエンジンがかかってきた頃に終わってしまうタイミングです。本当は、若者みたいにガツガツしてない中高年男性には時間をかけたセックスをじっくり楽しんでほしいのです。

中年男性の場合、意図してなくても勃つまでに時間がかかるでしょう。だったら、そのぶんみっちり愛撫してあげる。それによって、女性を感じさせてあげることができます。若い男性よりも時間の余裕、心の余裕があるというのは、中高年男性の大きな強みです。

じっくり愛撫をして女性を愛せる魅力的な年代になったことに、みなさん早く気がついてほしいのです。

中高年が持っているのは、知識ではなく固定観念

もしかしたら、あなたは自分のセックスにとても自信を持っているかもしれませんね。今までそれなりに経験を積んできて、自分のやり方も確立している。そしてセックスの時に無意識に脚本を構成している人も多いのです。それだけ自分のセオリーに自信を持っているのです。

でも、それは本当に女性を喜ばせているのでしょうか。

実は、女性の99％は演技をしています。ベッドの上では女性はみんな主演女優賞なのです。感じているフリをすれば男性は喜ぶし、他の女性もみんな演技をしているから、自分だけ「感じてない」と言えば、男性から不感症だと思われかねない。そうしたら愛してもらえないし、可愛がってもらえなくなるから、やはり女性は演技をするのです。そうして、男女の間で嘘と勘違いの堂々巡りが始まります。

今、少子化が問題になっていますが、これも突き詰めればセックスが未熟なことが原因のひとつです。

女は本能的に、本当に愛している男性の子供を産みたいという感覚を持っていま

す。相手がセックスも上手でいい男だったら、その人と離れないためにも子供を産むのが一番強い絆ですよね。女性が出産を放棄しているのは、それだけ魅力的な男性がいなくなったからなのです。

もちろん全員そうだとは言いません。でも、男性が最高のセックスをしていると思っているのとは対照的に、女性はたいしたことないと感じているケースも多いのです。

本来みんな体も違うし、気持ちいいポイントも異なるはずです。だから本当は、相手の女性によって、カメレオンみたいにやり方を変えなくてはならないのです。それなのに、どの女性と寝ても順番も一緒、触るところも一緒ではありませんか。パートナーがどんなことを望んでいるのか、どんなことに興奮を覚えるのか、相手の頭の中を想像してそれに合わせて求められたことを行う。これが最高のセックスというものです。

もしかしたら、あなたが今まで蓄積してきた経験や知識は、単なる自分本位の固定観念かもしれない。そう疑ってみることも時には大切です。

ペニス崇拝から女性至上主義へ

男性の男根崇拝には根強いものがあります。男性がよく自慢するふたつのことがあります。ひとつはペニスの大きさ。もうひとつが回数。これが二大自慢話です。「俺のはこれだけデカイ！　一晩で何回もイカした！」という話が好きなのですね。

やっぱり男のペニスの場合は女性器と違って目につきやすいので、他人と比べがちになってしまいます。体の真ん中にあって一番の武器だから、男の自信の支えになっている。それだけに勃たなくなるとショックも大きいのでしょう。

でも女の立場から見ると、いくら大きなペニスでもテクニックが伴わなければ痛いだけです。私の経験では、大きな男性ほど大雑把なセックスをしがちです。大きさに自信があるから努力しないのです。それよりは、サイズがどうあれじっくりと愛してくれる男性の方が魅力的です。

勃ちが悪い、男性器の機能が減退する、というのは30代を過ぎた男性では一般的な現象です。まして50代を過ぎた男性にとっては自然なこと。若い頃は神経過敏だったのが、刺激に慣れてきて遅漏になる。また、同じパートナーとずっと性関係を続けていて刺激が減ったという理由もあります。

でも、遅漏ならかえって女性を長く喜ばせられますし、オーガズムの有無にはあまり関係ありません。後の章でもお話をしますが、クリトリスへの刺激だけで女性はオーガズムを迎えることができるのです。くよくよ悩まず、遅いなら遅いなりのテクニックを学んでいけばいい。そして、女性が本当はどうされたがっているのかを想像してほしいと思います。

女性の満足を最優先するのが中高年男性のセックスです。相手を感じさせることで自分も満足する。征服欲よりも奉仕の心です。

「力み」セックスからの解放

北欧では、「フリーセックス」が盛んだと言われます。でもフリーセックスとは、誰とでもやれるという意味ではありません。「解放された性」という意味です。より良いセックスを楽しむために、性に対する会話をオープンに行う。そして解放的で快楽に溢れたセックスを楽しむということです。日本人ももう少し、この解放性ということを考えなければいけません。

私が出会った1000人にひとりの男。彼は女性を解放させるということにかけては、天下一品でした。セックスの最中に耳元でずっと「リラックスして」と囁いてくれました。だからどうなってもいいんだって安心できるのです。

私は彼とのセックスで、潮を噴くどころか、脱糞まで経験しました。穴という穴から全てのものが一気に出てしまう快感がありました。

普通の男なら、そこで女性を責めるでしょう。そうすると女性は恥ずかしさで次から我慢してしまいます。でも彼は、終わった後何も言わずにバスタオルを何枚か持ってきてくれました。アソコをきれいに拭いてくれて、私を抱きしめてくれたのです。「こんなに気持ちよくなってくれてありがとう」って。そうやって私を解放することで、彼も一体感を持つことができるのだと言ってくれました。

攻撃的で激しいだけの「力みセックス」は、中高年男性は卒業してもいい。それよりも、身も心もゆったりしたセックス、真に解放されたセックスを目指してみましょう。

愛し合ったあとに訪れる深く満ち足りた眠りのことを、「小さな死」と呼ぶそうです。それくらい充足した眠りを迎えられるようなセックスをしてほしいと思います。

オトコ遍歴プロファイル①

野球界の有名人

銀座時代、12球団中6球団にお付き合いしている男がいました。その中のひとりで、今も球界で活躍している男性ですが、セックスの間中、ずっと彼の乳首を触ることを私に強要しました。大変だし、面倒くさい（笑）。本当に自分の快楽だけがすべて。「俺を気持ちよくさせてくれ」だけなのです。そういうレベルの男性って実は多いのではないでしょうか。

今ではテレビで彼の雄姿を見かける度に、「あ、乳首野郎だ！」と思い返しています。

2. 50代以上の男性は誰とセックスをするか

家庭か、恋か

いわゆる中高年と呼ばれる50代以上の男女にとって、セックスパートナーとはどのような存在なのでしょうか。左ページの（図1）は、50代60代の男女が「最も強く恋愛感情を感じている相手」は誰なのかを調べたアンケート結果です。

まず50代男性では、6割の人が配偶者を最も愛していると答えています。60代男性だとその割合が少し減り、5割弱となっています。

一方女性で、「配偶者を一番愛している」と答えた人は、50代で5割弱、60代になると4割弱と、男性に比べると低い確率です。残りの人は恋人に走っているかというと、その割合は5パーセント程度で、6割近い女性が「誰にも恋愛感情を持っていない」と答えています。

このデータから、中高年男性が妻を愛するほどには、女性は夫を愛していないと

図1）最も強く恋愛感情を感じている相手（性年代別）

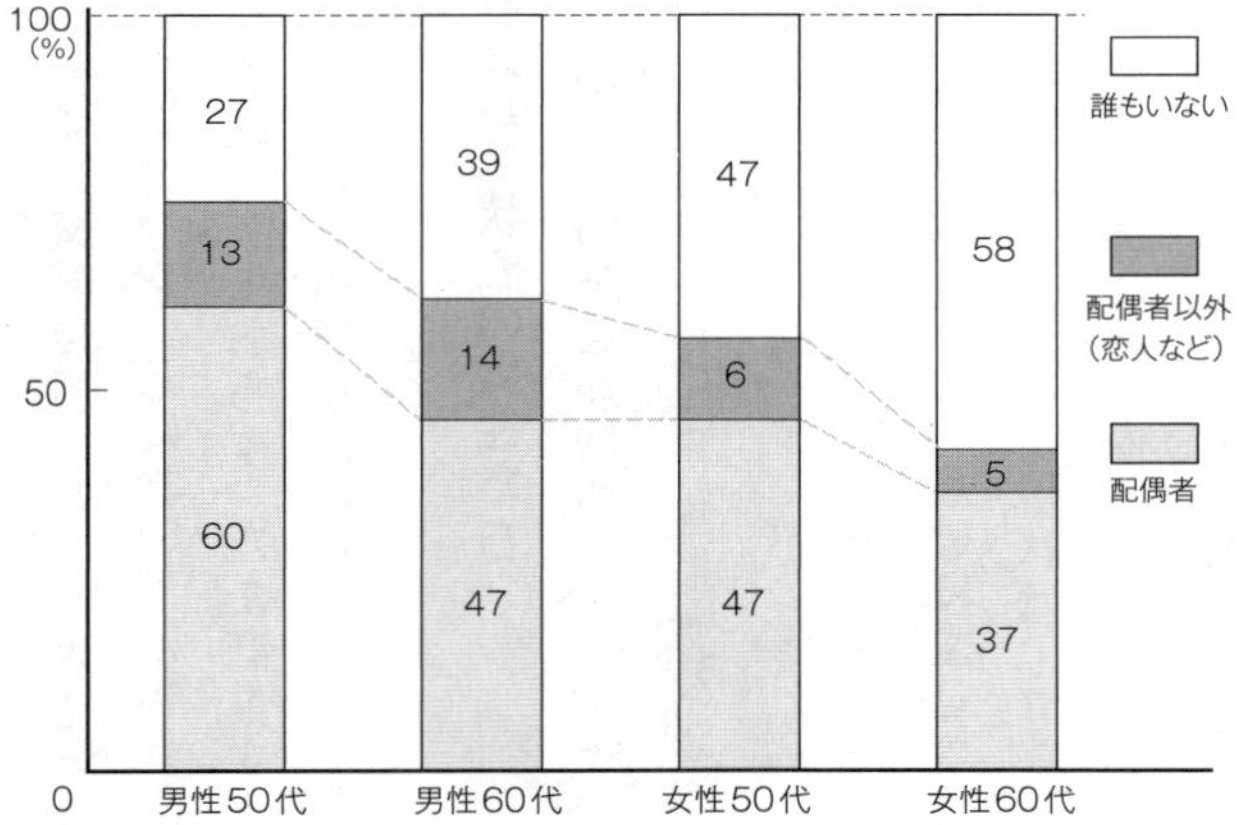

（出典 シニアコミュニケーション）

いう現状が見えてきます。そして、女性が恋愛をしてないという事実。男性が愛人を作る割合としては、50代60代ともに14パーセント程度。それを差し引いてもやっぱり旦那さんを愛してないという女性が多い。かといって女性は他の恋を探すわけでもなく、私からすれば本当に寂しいことだと思います。

大人の男女にとって、誰と恋をするか、誰を愛するかは本人次第。恋をするもしないも自由ですし、外に恋人を作ってもいいのです。リスクを背負うのも自分ですから。

また、援助交際に風俗と、日本には性のビジネスが溢れかえっています。でも、真の意味でのセックスにおいては後進国。正しく幸せなセックスをしようという性教育が徹底されておらず、ただ商業主義の性が氾濫しているだけ。その結果安易に性欲を満たせる環境が作られ、男性に怠惰をもたらしているのです。

セックスレス状態の男性たち

性交渉のない夫婦が増加しています。いわゆる「セックスレス夫婦」です。セックスレスとは、1ヵ月以上の期間性交渉がなく、またそれが長期間続くことが予想される状態を指します。

人間の寿命は延び、いまや人生80年と言われています。子育てが終わった後の長い時間、夫婦が向き合い互いに愛し合うことは、人生の後半においてとても大事なことのはずです。しかし現状は、セックスどころか、体の触れあうスキンシップすら生じない夫婦が多いのは、何が原因なのでしょうか。

(図2)は、セックスレスの原因についてのアンケート結果です。この結果で顕著

図2）セックスレスの原因

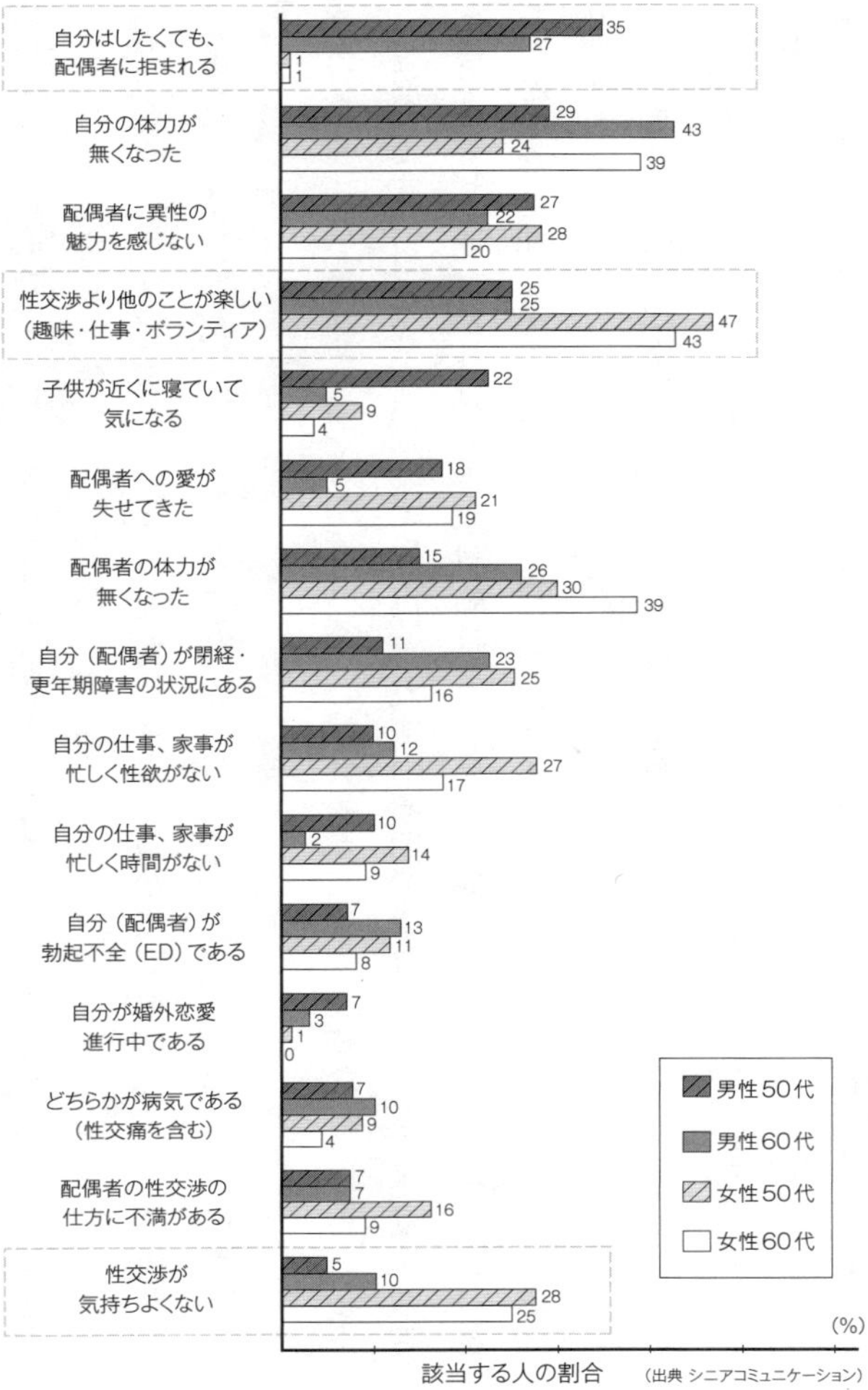

なのは、「自分はしたいのに相手に拒まれる」と答えているのが、ほぼ男性であるということです。つまり女性が拒否しているのです。

一方、女性が挙げるセックスレスの理由とは何なのか見てみましょう。50代女性がセックスレスになる理由の一番は、「性交渉よりも楽しいことがある」ということです。

つまり、興味が家庭や旦那さんではなく、社会的な活動、趣味などに移ってしまっているのです。旦那さんが仕事に明け暮れている間、子育ての終わった女性は時間を持て余します。女性は男性よりも社会性という点では優れていますから、どんどんと社会参加していく。そして男性が定年を迎える頃には、すっかりお互いの興味がずれてしまうのです。かなり悲しい話ですが、これが現状です。

さらに男性同様「相手に異性としての魅力を感じなくなった」ことを挙げる人も多く、男女ともに相手を異性として見ていない現状が見えてきます。寝室も別という夫婦も少なくないようです。

また、女性が挙げる理由で見逃せないものがあります。「性交渉が気持よくない」

というものです。これはセックスレスの50代女性では、なんと3割近い人が理由として挙げています。

このように、さまざまな理由から、セックスレス夫婦は増加しています。

「ＱＯＬ」という言葉があります。「クオリティ・オブ・ライフ」の略で、いかに人生の質を上げて生きていくか、という指針になる言葉です。冒頭でもお話ししましたが、人生は長くなり、いかに中年以降のＱＯＬを高めていくかはとても重要なことです。そのためには、やはり夫婦のスキンシップとしてセックスの果たす役割は少なくないでしょう。

セックスレスの理由のうち、体力の低下は仕方ないことではありません。しかし本書では、体力のあるなしに関わらず充実したセックスを楽しむテクニックを紹介します。その方法なら、女性の「セックスが気持よくない」というもったいない状況も打破できるでしょう。冷え切った関係を温めるにはそれなりの情熱が必要です。

セックスが下手だと男性は捨てられる!?

戦後から経済成長を過ぎて、現代。日本の離婚率はなだらかに上昇しています。離婚話の中でも、いわゆる熟年離婚という言葉をよく耳にするようになりました。

（図3）は、「離婚を踏みとどまる理由」を中高年男女に聞いたアンケート結果です。この表を見ると、女性が離婚を踏みとどまる理由は、圧倒的に「経済的な理由」です。日本人女性は、どんなに相手が嫌になっても、「この人と暮らすくらいなら、自分で生活していこう」とはなかなか思わず、生活のために我慢するのです。だから自立していないのは男性だけじゃない。どっちもどっちです。

ともかく、経済的な理由で奥さんも我慢しているとしたら、退職金をもらったとたん熟年離婚に走る奥さんだっているでしょう。なるべくセックスはさせない。給料はもらって貯金して、退職金をもらったら、男は捨てられる。そのときに泣いても遅い。奥さんに対して愛される努力をしなかったのだから、結局自分が悪いのです。

そういう事態を防ぎたいと思うなら、やっぱりふたりの関係を見直さなければなりません。そのためには中高年からのセックスは必要不可欠です。若い頃のよう

図3）離婚を考えながら（宣言されながら）も、離婚を踏みとどまる理由

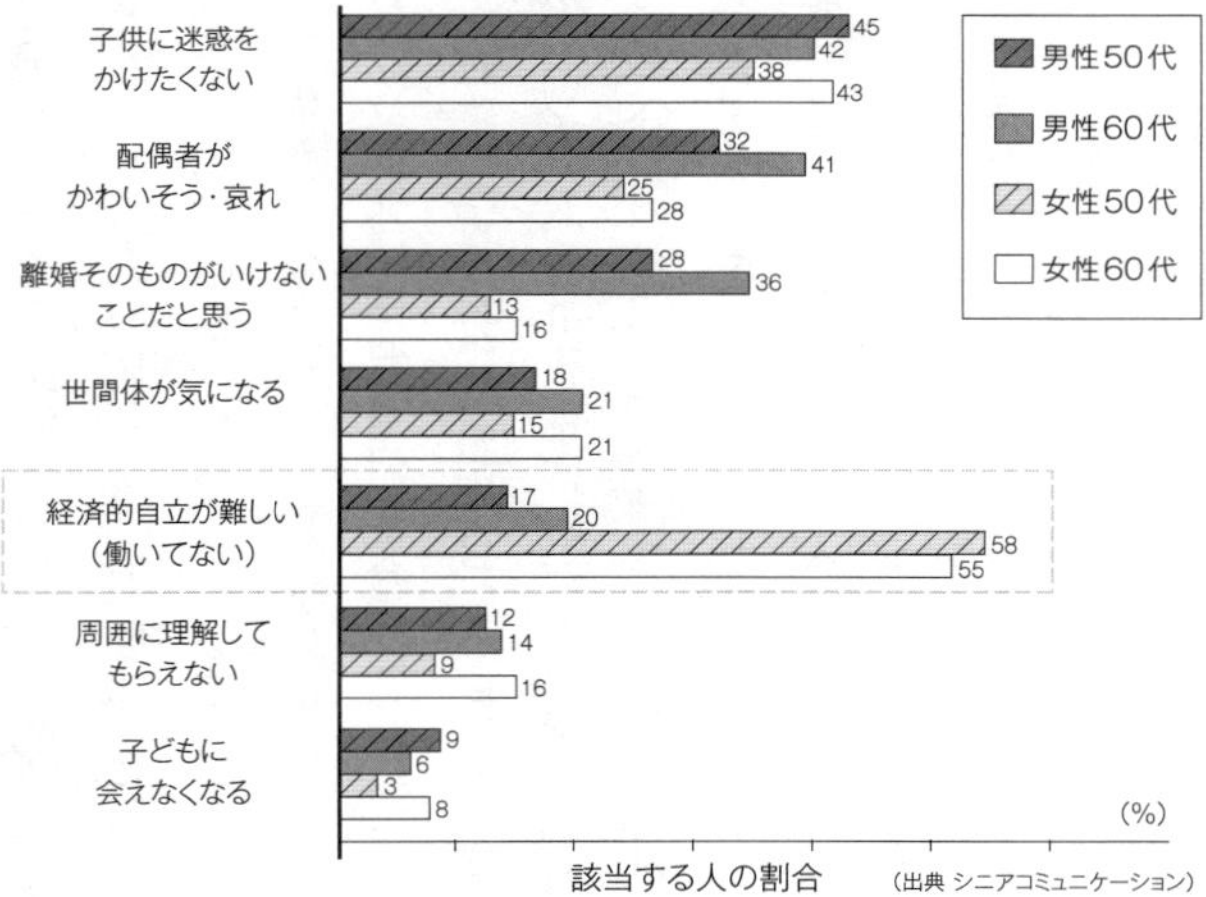

に情熱に溢れたセックスじゃなくても、スキンシップとしての役割は大きいのです。

29ページの（図2）で、「性交渉が気持ちよくない」と言う女性が多かったですね。私の講座に来るある50代の生徒さんは、奥さんに「ねえねえ」と誘っても「疲れているから早く終わらせて！」と言われていたようです。それで勃起できる男性もすごいと思います。

女性が疲れているのはある程度本当でしょうけど、それまでいいセックスをしてなかったのだと思いますよ、

その男性は。その証拠に、私の講座で相手を思いやるセックスの仕方を覚えたら、奥さんもしっかり応じてくれるようになったそうです。

結局、男性は自分本位なセックスをしてきたから、女性はうんざりしているのです。子供ができたらもう旦那には用ナシ！　給料さえ運んでくればいい。へたくそなセックスにただで付き合う気なんてない！

それに最近は女性も出会いが多いですからね。他の男性と付き合ってみたら、旦那のセックスの下手さに気づくのです。旦那さんが働いているときに、豪華なランチを食べ、男と遊んで、けろっとして帰りを待つ。男性はまったく気がつかないことが多いようです。

身勝手で下手なセックスに付き合いたくないのが女性の本音です。私が代表で言っているだけで、みんなそう思っています。そのことにそろそろ気づいてほしい。そして幸せなセックス、幸せな夫婦生活を再び手にしてほしいと心から思います。

妻への「ありがとう」がセックスにつながる

セックスが縁遠くなった夫婦の場合、もう一度復活させたいと思ってもハードルが高いかもしれません。男女というより家族的な雰囲気になってしまっている場合もあり、お互い愛が冷めてしまっているという夫婦もこの世の中珍しくはありません。そんな状況を打破しようと思うのならば、やはり男性がなんとか奥さんの心を動かすように努力していくしかありません。

だいたい奥さんに拒否される人の多くは、奥さんに感謝の言葉を言ってない人が多いのです。家事や育児をするのは当たり前。相手をひとりの人間として大事にしていないのです。だから奥さんも「この人、私が一生懸命してるのに、なんの感謝もしてくれない」って思ってしまう。セックス云々の前に、人間同士の関係ができていなければ、相手だってあなたに振り向くわけがありません。

そこで、奥さんにセックスを拒否されるという人は、まず1カ月くらい「ありがとう」を言い続ける。「おいしいご飯を作ってくれてありがとう」「いつも部屋を掃除してくれてありがとう」何かしてもらったら素直に感謝の気持ちを伝えましょう。

初めは怪訝な顔をされるかもしれませんが、めげずに1ヵ月続けてみる。諦めずにあなたが相手を尊重していることを伝え続けたら、その気持ちはきっと伝わるはずです。「この人何か変わったな」って思えば、奥さんだってあなたを受け入れてくれるようになります。スッピンでだらだらしていたのが、化粧だってするようになります。

感謝の気持ちを持つことは、相手は自分の持ち物じゃない、自分も相手も独立した個人だと認めることです。相手に感謝の気持ちを伝えることで、いかに自分が今まで相手に甘えていたかってことに気づいてほしい。私の生徒さんも、この方法を奥さんに試して、やっぱり初めは「バカじゃない？」って顔をされたそうです。でも続けるうちに、1年以上ぶりに奥さんが応じてくれたようで、本当に嬉しそうでした。

相手を尊重していることを伝える方法は、言葉以外にも考えられます。おしゃれをしてふたりで旅行に行くとか、たまにはデートでおいしい食事を食べに行くとか、家以外の場所で時間を過ごしてみるのもいい方法です。セックスレスの夫婦でも、感じの良い温泉旅館に行ったら生活感を忘れて盛り上がることもあります。

それから、外出時にはちょっと手をつないでみたり、腕を組んでみたりするのもいいですね。欧米だと、結婚して何10年たった夫婦でも本当に仲がいいのです。腕を組んだり、チュッとキスをしたり。それはやっぱり欧米の人たちは結婚という契約に縛られず、個人として自立していることと関係があります。そういう意識が日本人にももう少しあっていいと思います。

家庭外セックスという選択肢

それでも夫婦仲が修復できない場合は、家庭以外にセックスの場を求めるというのも選択肢のひとつです。セックスも上手で女心をわかっている男性なら、既婚者だってモテますし、外に刺激を求めることで家庭を大切にできる男性もいるでしょう。ばれた時のリスクを背負えるなら家庭外セックスはアリだと思います。誰にも相手にされないような冴えない男と生活をしているくらいなら、ちょっとくらい遊んでいたってセクシーで魅力的な旦那さんの方がいいって思う女性、多いんじゃゃないでしょうか。

そうはいっても、やっぱり浮気には浮気のマナーがあります。もう絶対今の奥さんとは離婚したい、浮気じゃなくて本気なんだ！　と思うなら好きにしたらいいけれど、そうでないなら大人の男として守らなければいけないことがある。それは、どんな状況でも絶対に浮気を認めないことです。

ばれそうになって、奥さんにどんな証拠を突きつけられても、絶対にそれを認めないことが大事です。たとえホテルに行ったことがばれても、「本番はしなかった」って否定する。「最近勃たないって知ってるだろ？」って言えばいいのです。浮気をしても、差し込んでいるのを、奥さんに目の前で見られない限り認めない。裸でベッドインしているところを見られたとしても「入れてない」と言うべきです。

浮気をたとえしていても、否定するってことは、究極の愛情表現だと思います。女性は浮気をされたら、確かに腹も立つし、裏切られたように感じるでしょう。でも、心の底では謝るよりも、否定してほしいと思っています。どんなにバレバレだって、絶対してないって言ってくれると、「そこまで否定するのは、私のことがどうでもいいわけじゃない」と感じるのです。それを「ああ浮気したよ、何が悪いんだ」なんて言うのは、もう夫婦としてやっていく意味はない気がします。すっぱり別れて好きなだけ遊べばいい。でも少しでも奥さんを大事にする気持ちがあるなら、たとえ外で遊んでいても、奥さんを愛してるということを常に伝えるべきです。

奥さんコンプレックスを引きずらない

男を殺すには刃物はいらない、と言います。ベッドでけなしさえすればいい。男性は、やっぱりとても精神的にナイーブ。あなたがもし奥さんから拒否されたり、笑われたりしたことがあるのだとしたら、それは勃起不全に陥ったって当然なくらいのことです。それくらいメンタル面は男性機能に影響を与えます。

若い女の子が好きな男性って多いですよね。でも実はこれ、奥さんコンプレックスの裏返しではないでしょうか。奥さんから自分を傷つけるようなことを言われるから、同年代の女性が怖いと感じてしまう。文句ばっかり言うし、怖いし、面倒。それなら何にも知らない若い子がよく見えるのです。自分が優位に立てるし、文句も言わないですからね。男性が若い女の子に走るのはある意味当然ですし、悪いことだとも言いません。でも、女性と対等に向き合うことが出来ないのは、すごく問題です。

確かにひどい事を言う奥さんはいると思います。でもそういう不平不満を言う女性って、やっぱり本人が不幸なのです。あなたが幸福にしてあげられなかったから毒を吐くようになったのです。だからコンプレックスを引きずって逃げるんじゃなくて、相手を幸せにするっていう方向に考えてみたらどうでしょう。そうすれば自分の傷ついた心だって少しは癒すことができると思いますよ。

新しい恋をするための男の禁句

中高年男性がモテたいと思うのなら、まずは、女の子相手に愚痴をこぼさないことです。文句を言わない、説教をしない。これは嫌なおじさんにならないための基本中の基本です。よく若い女の子にくどくど説教する男性がいますが、あなたこの娘のお父さんなの？　と思ってしまいます。偉そうな態度で女性に接する男って絶対好かれないということは知っておいてください。それから、自慢話をしない。これが大事です。

銀座時代のお客様にも、自慢話をするおじさんが本当に多かったですね。自分がいかに社会的に優れているか、身につけているものがどれだけ高級なものか……。もちろんお客様は、日頃のうっぷんを晴らすために、高いお金を払ってクラブにやってきます。そういう男性には「すごいですね～」って言ってやればいいので、ホステスからすればとっても楽なお客さんだと思いますよ。でも、プライベートでそういう男性とお付き合いしたいかと聞かれたら、やはりちょっと疑問です。もし水商売の女性を恋の対象だと思っているのなら、自慢話や大声で文句を言うのはやめるべきです。

ただし、そうはいっても男性たるもの、辛い時もあるでしょう。家庭では愚痴も言えなかったりもする。会社でも下手に自分の悩みを言おうものなら、いつどんな不都合が生じるかもわかりません。そうやってストレスの多い時代、どこでも我慢していたらパンクしてしまいます。

だから大切なのは、「この場所だけは弱みを見せてもいい」という場所を用意しておくことです。会社には敵がいる。奥さんには愚痴を聞いてもらえない。だったら、クラブでもいいですし、行きつけのバーでもいい。どこでもいいから、ありのままの自分を出せるという逃げ場を作るのです。男の隠れ家みたいなものです。どんな強い人だって、弱音を出せる場所ってすごく大事だと思います。そこで自分をリセットすることで、普段は愚痴も言わず、男らしくいられるのではないでしょうか。

愛妻家は他の女性にもモテる

銀座で一番に感じたのは、ほとんどが妻帯者のお客様の中でも、モテる人とモテない人とに分かれることです。その分かれ目はじつは「愛妻家」かどうか。

奥さんのことを愛してる雰囲気のある人はモテる。愛妻家の男性は、奥さんというひとりの女性を幸せにしてあげているわけです。女性を幸せにできる男だから「愛人の私も幸せにしてくれるかも」と思うのです。奥さんさえ幸せにしてあげられない男性は、愛人を幸せにできるわけがないのです。

ただし、愛妻家を匂わせつつも、自分の家族の話はタブーです。家族は何人で、娘はなんて名前で……なんて言わない。気のある人に家族の写真なんて見せると、お父さん的な存在になってしまいます。男は少し秘密があるくらいの方が絶対にモテます。もし家庭があって浮気するのであれば、絶対生活感を出さない、家族のことはあんまり話さない。奥さんのことを聞かれたら、ただ「奥さんは素敵な人だよ」くらいにとどめておくのがスマートです。

高レベルですが、結構有効な技を一つ。「俺は女房を愛しているから浮気はしないんだ」なんて言うのは、逆に女性の興味をそそります。「私もそんな風に愛されたい」「そこまで言われるとなんとかしてみたい！」って女性の心理を突くんですね。高等技かもしれませんが、結構有効です。

不倫、愛人の方がかえって楽だと思う人が増えてきました。そんな女性を相手に鼻息を荒くしても、重荷に感じられてしまうだけ。それよりちょっと余裕があって自慢話やお説教もしなくて、私生活はなんとなく謎に包まれている。そんな男性の方が女性にとっては魅力的です。

《清潔感が鉄則》

初対面で大事なのは、やはり第一印象です。人間の内面はすぐには分からないから、まずは外見で不快感を与えないことが先決です。といっても、別に着飾りなさいとか、体型をいますぐどうにかしなさいってことではありません。とにかく一番大事なのは清潔感です。不潔な感じさえ与えなければとりあえずは合格です。

最も気をつけてほしいのは、爪のお手入れです。女性って本能的に、顔を見て好きなタイプだったら次は指を見るの。「私の中に入ってくるかもしれない」って無意識に見ちゃうんですね。指は第2の性器です。爪切りで切ったあと、やすりで削るくらいのことはしてほしいですね。

服装でいえば、ヨレヨレのシャツだとか、襟首の汚れたシャツなんて絶対にダメ。ただでさえ、中高年になれば若者時代よりも油ぎってくるのに、身なりがきちんとしていなければ、女性だって敬遠してしまいます。シャツにはアイロンがかかっていたり、汚れがついていなかったり、その程度の当たり前のことを守りさえすればいいのです。身なりのこざっぱりした小奇麗なおじさんをめざしましょう。

それから、やっぱり気をつけたいのが体臭。中高年になると、いわゆる加齢臭があります。あの臭さの原因は、主に耳の裏から出てきます。その証拠に、枕とかマフラーとかが特におじさん臭い。あれは耳の裏の匂いが移っているのね。ですから、防臭をするにも、耳の裏は要チェックポイントです。汗をかいたところをこまめに拭いたり、消臭スプレーもそこを中心にかけるといいです。

普通の石鹸の匂いをつけておくのも自然でいいですね。ワイシャツを着る時にも、襟や袖口などの汚れやすいところに、固形の石鹸をこすりつけておきます。そうすると汚れも付きにくいし、洗ってもすぐ汚れが取れる。ふとした瞬間に石鹸の香りが漂って、香水なんかよりよっぽどいいと思います。服をしまっておく時にも固形の石鹸を袋から出してタンスのあちこちに置く。それだけでも石鹸の香りが移って効果的です。香水はどうしても好き嫌いがありますが、石鹸の香りを嫌がる人はいないので安心です。

動物は、初めて会った相手の匂いを必ず嗅ぎます。人間も動物ですから、突き詰めて言うと、男女関係は匂いで始まるとも言えます。彼氏のパジャマの匂いを、彼氏がいない間に嗅ぐ、という女性は意外に多いのです。合う相手っていうのは匂いが合うということかもしれませんね。

そんな理由ですから、つけるのであれば自分に合った香りをチョイスすること。常に同じ香水をつけていると、鼻が慣れてしまってついついつけすぎたりもしますから、親しい相手に、香りのテイストが自分に合ってるか聞いてみるのもいいでしょう。

第2章

「男」の衰えをくいとめる

1. 性機能の衰えを自覚する

男性機能障害とは

男性の性機能とは、

①性欲　②勃起　③性交　④射精　⑤絶頂感

という大まかに五つの連続した機能を指します。性的興奮を覚え、ペニスが固くなり射精する。その一連の行為に快感を覚えるのが、正常な男性の機能だと考えられています。そして、このうちのひとつ以上が機能しない、または不十分なことを「男性機能障害」と呼んでいます。

ひとつ目の性欲とは、視覚、聴覚、嗅覚、触覚、想像などの刺激から、女性に対する性的欲望が起こるかどうか、ということです。中高年男性の場合、勃起するしない以前に、この性欲自体が減退したり欠如している場合もあるでしょう。女性に対してときめかない、刺激に慣れてしまって性的興奮を覚えない、といったことです。

ふたつ目の勃起に関しては、挿入に十分な硬さになり、その硬さを維持できる状態を正常としています。機能はするけれど、硬さや持続時間が不十分であるという人も多いでしょう。昔は勃起能力に問題がある状態をインポテンツと呼んでいましたが、現在ではＥＤ（勃起不全）という呼び名が一般的になっています。

男性機能の残り三つ、性交、射精、絶頂感についてもお話ししておきましょう。

性交とは、勃起したペニスを膣に挿入することですね。勃起さえすれば、挿入ができないということはないでしょう。

射精障害としては、射精までの時間が早すぎる早漏、遅すぎる遅漏、精液自体が出ない射精不能があります。また、セルフプレジャー（オナニー）でないと射精できず、膣内では出せない人もいます。中高年の場合、やはり遅漏気味になる人が多いですね。

このように、男性機能の低下や障害といっても、少し勃ちが悪いという程度の人もいれば、精神的に性欲を感じるバイタリティがない人、肉体の障害により勃起ができない人などさまざまです。女性がいくら「愛撫をしっかりしてくれれば、そんなに勃たなくてもいい」と言ったところで、性機能低下による男性の喪失感は、やはり大きなものです。もし自分の男性機能に関して何らかの悩みがあるのであれば、問題をしっかり理解して適切な処置を講じてみましょう。

男性器の構造とメカニズム

ペニスは、シリンダーのような形をした三つの海綿体を中心に構成されています。そのうち性器の上側にあるふたつを陰茎海綿体（①）、そしてその下に、尿道を包むように伸びているのが尿道海綿体（②）と言います。陰茎海綿体とは、竿の上部分にある海綿体で、左右対になっています。先端にある亀頭は、この尿道海綿体が太くなった部分です。

亀頭は、一部もしくは全体が包皮で包まれています。通常勃起すると、亀頭は外に出てくる仕組みです。真性包茎の人は勃起時にも亀頭が外に出ず、性交時に困難を覚えます。射精の際には尿道海綿体が、周囲の筋肉に締め付けられることによって、精液が飛び出す構造になっています。勃起時には尿道は圧迫されて尿が出にくくなります。これはみなさん体験したことがあるでしょう。

海綿体の内部には静脈洞と呼ばれる空洞があります。ペニスが小さくなっているときには、この空洞も小さくなり、逆に大きくなるときにはこの部分も膨張し、大量の血液で満たされます。勃起の際には、三つの海綿体内の空洞に血液が流れ込み、同時に作用することで全体が硬くなるわけです。

年齢を経ることで勃起がうまくいかなくなるのは、三つの海綿体が同時に働

男性器の構造

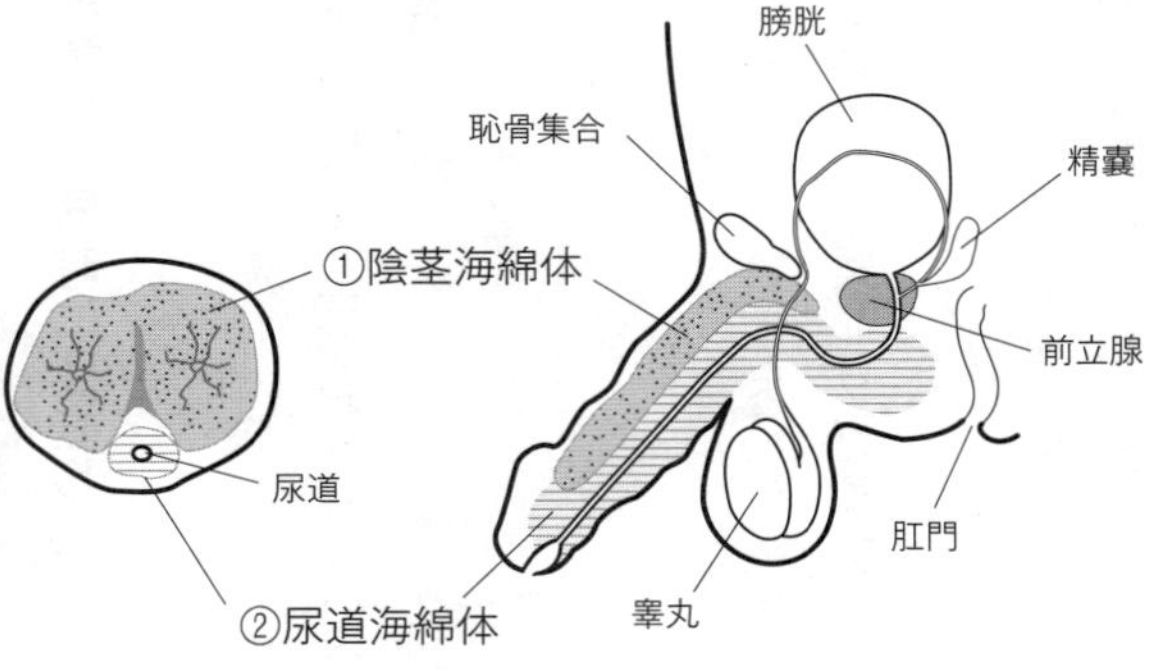

かなかったり、同じ強さで膨張しなかったりすることが原因のひとつとされています。一例として陰茎海綿体は硬くなるのに、尿道海綿体が同時に硬直しないことが挙げられます。

とにかく勃起には、大量の血液が必要です。つまり血液の流れが悪くなれば、やはり勃起もしにくくなるというわけです。喫煙による血流障害が起きれば、ペニスにも血液がいきにくくなり、勃起に悪影響を与えるのです。

筋肉次第でアソコも変わる!?

男性は、自分の意志でペニスを勃起させたり萎縮させたりできませんよね。海綿体の筋肉は、腕や脚など通常運動のための筋肉（随意筋）と異なり、脳の命令で意識的にコントロールすることができないものだからです。

ペニスは、胃や腸と同じ、平滑筋とよばれる筋肉でできています。この平滑筋は、脳の中でもかなり限定された特定の部分だけが制御することができます。だからペニスのコントロールに人間の意識は関わることができないのです。そのために、いきなり勃起してしまったペニスを鎮めるのに苦労したりするわけです。

勃起を司る部分は脊髄内に存在します。例えばペニスに愛撫を受けます。すると、ペニスの神経がその刺激を脊髄経由で脳へ伝えます。そして、脳は通常人間が意識することのない神経の経由で勃起するように信号を送るのです。ペニスにはいたるところに神経が張り巡らされています。亀頭の付け根、亀頭が皮膚とつながる部分は特に神経が集中した所だと言われ、最も感じるという男性が多いようですね。

さてこのように、思い通りにならない海綿体ですが、それを支える筋肉組織は随意筋でできています。つまり、脳の指令で動かすことができるわけです。その中でも注目したいのが、「坐骨海綿体筋」と呼ばれるものです。

この筋肉は、ペニスのちょうど根元部分、陰嚢の裏辺りにあり、ポンプの役割を果たしています。勃起したペニスを上下左右に動かすことを可能にしているのが、この坐骨海綿体筋なのです。

この筋肉もやはり加齢とともに弱くなり、そのため射精の勢いが弱まったり、おしっこの切れが悪くなったりします。でも、この筋肉は足や手を動かしている筋肉と同じもの。鍛えれば衰えを防ぐことができます。意識的に収縮させたり指で圧迫したりすることで、トレーニングを行ってみましょう。力を入れたり抜いたりすることで筋肉を動かす感覚です。

また、放尿後はペニスを振って滴を切る男性が多いと思いますが、そのときに振るのではなく、この坐骨海綿体筋を手で押すようにする。これで残尿感もなくなりますし、筋肉を刺激することにもなり一石二鳥。これらの方法で筋肉を蘇らせることで、排尿の切れもよくなりますし、射精の勢いも蘇らせる効果があります。気になっている方は毎日の生活に取り入れてみて下さい。

ペニスの状態をチェックする

日本性機能学会では、ＥＤの定義について、「性交時に有効な勃起が得られないために満足な性交が行えない状態で、通常性交のチャンスの75％以上で性交ができない状態」としています。

つまり10回セックスをするチャンスがあって、7~8回勃起障害のためにうまくいかない場合、EDと診断される可能性が出てくる、ということです。問診には「国際勃起能スコアーIIEF5」という問診票が使われます。参考までに、その内容を引用しておきましょう。

1.勃起を維持する自信の程度はどれくらいですかですか?
2.性的刺激で、挿入するのに十分な硬さになりますか?
3.性的行為の間、勃起を維持することができますか?
4.性的行為の終了まで、勃起を維持することは困難ですか?
5.性交を試みた時、何回満足に性交ができますか?

この五つの質問に対して、過去6ヵ月の間の状態を、5段階評価で回答します。質問1に対してならば、1非常に低い　2低い　3普通　4高い　5非常に高いといった形です。この答えの合計点数を最低1点から最高30点までで計算し、21点以下であればEDを疑う、ということになっています。

EDと診断された場合でも原因は人それぞれ。ただし大きく分けて、「機能性ED」と「器質性ED」のふたつに分類されています。

機能性EDとは、心理的なことが原因で起きるものです。ストレスや緊張などの心の問題、またうつ病などの精神的な問題で勃起ができなくなる状態です。

一方、器質性EDは、海綿体に血液を送り込むための血管や神経、内分泌環境に問題がある場合を指します。喫煙や糖尿病、心不全、高血圧、動脈硬化、

国際勃起能スコアIIEF5

	0	1	2	3	4	5
勃起を維持する自信の程度はどれくらいですか		非常に低い	低い	普通	高い	非常に高い
性的刺激で挿入する時十分な硬さになりますか	性的刺激なし	全くまたはほとんどなし	たまに	時々半分くらい	おおかた毎回	ほぼ毎回
性的行為の間、勃起を維持することができますか	性的刺激なし	全くまたはほとんどなし	たまに	時々半分くらい	おおかた毎回	ほぼ毎回
性的行為の終了まで勃起を維持することは困難ですか	性的刺激なし	ほとんど困難	かなり困難	困難	やや困難	困難でない
性交を試みた時、何回満足に性交ができますか	性的刺激なし	全くまたはほとんどなし	たまに	時々半分くらい	おおかた毎回	ほぼ毎回

脊髄損傷などがEDの原因になることが多いようです。EDの治療にはバイアグラというのが一般的ですが、機能性EDの場合は、精神的に元気になれる薬を飲む場合もあります。

自分はEDじゃないかと少しでも心配ならば、こうした問診をちょっと試してみたり、毎日のペニスの状態を注意深くチェックしてみると良いと思います。

定期的に勃起させよう

セックスもしばらくご無沙汰。恋もしてないし、気持ちが盛り上がることも最近ないなあ……。なんて人もいるでしょう。そういう人は勃起をする機会自体も減ってきているはずです。朝立ちしない、セルフプレジャーもしないような状況は、男としては黄色信号。このまま進めば、あっという間にオジサマを通り越して人畜無害な枯れた人になってしまいます。

乗り物や機械も、動かさないままずっと放置していたら錆ついてしまって、いざという時うまく動かなくなってしまいます。人の体もそれと同じ。使わなくなった器官はどんどん退化してしまいます。

そんな事態を避けるためにも、たとえセックスの機会がなくても、定期的に勃起する機会を設けるべきです。あまり性欲自体がなくても、たまにはセルフプレジャーをする。自分で触って硬くするだけでも、まったく勃起しないで放っておくより断然良いのです。血液が流れ込むルートを体が忘れないように、勃たせる癖をつけておく努力をしましょう。

エロティックな想像は脳幹から発生し、勃起させる指示など、特定の身体機能の変化をもたらします。性的な関心を持ち続ける人は、心身共に若々しいもの。80代になっても女好きで元気いっぱい、というような人はやはりセックスも現役だったりします。異性からの刺激やエネルギーが若さを保つ役割を果たしているのです。

あなたも、このままもう女は卒業かな……なんて呑気に構えていないで、いつまでも女性に興味を持ち、体が錆びないようにトレーニングをするべきです。

男性ホルモンは睾丸から

いわゆる「男らしさ」の特徴として、男性の攻撃性、狩りを行う時のような積極性があげられますが、それは、「テストステロン」と呼ばれる男性ホルモンの働きによるところが大きいです。よくいえば「やる気」を引き起こすホルモンです。分泌量は、筋トレをしたときや興奮時などに増えると言われています。

この男性ホルモンの量は、20代をピークに30代を迎えたころから徐々に減っていき、50代から減少傾向が極端に目立ってきます。しかしこの減少の割合は個人差が多く、老人と呼ばれる年齢になっても30~40代男性と同じくらいの量を維持している人も存在します。

このテストステロンの分泌を行うのは、男性の場合90パーセントは睾丸からです。睾丸の機能が低下するに伴って分泌量が減っていくのです。ただし、残り10パーセントは副腎で生成されています。ですから睾丸の機能がなくなることで完全に男性ホルモンが失われるわけではありません。性的な興味、いわゆるリビドーは、たとえ睾丸があまり機能しなくても、持ち続けられるものだと言われています。

男にもある更年期障害

昔は人生50年なんて言いましたが、いまや人生80年時代。生殖、子育てが終わった後にも人生はまだまだ続きます。50歳で子供が成人したとして、それからまだ30年近くの時間を持つ時代になりました。寿命が延びることで、人は生殖後の人生をいかに生きるかを考えなくてはならなくなりました。中年から熟年期へ移行するにあたって、誰しも社会的、肉体的に大きな変化を迎えます。その変化によって引き起こされるのが更年期障害です。

女性は閉経を迎える前後に、更年期障害に悩まされる人が多いですね。ホルモンバランスが崩れることで、急にカーッと体が熱くなったり、動悸がしたり、情緒不安定になったりします。女性特有の症状だと思われがちですが、実は男性にも訪れるということが、最近になって認知されてきました。

男性も女性と同じくこの時期、体内でテストステロンの量に変化が起こります。つまり睾丸の男性ホルモンを作る機能が急激に低下することで更年期障害がおこるのです。

男性の更年期は女性より少し遅く、50歳代後半を中心に45〜55歳くらいまでに訪れるのが一般的です。症状としては女性と同様ですが、女性ほどはホルモンバランスの変化が激しくないので、体調面よりもむしろ精神的な不安定さや落ち込みの方が多いようです。

急に何をするのも馬鹿馬鹿しく感じたり、眠れなくなったり、うつ状態になる人も少なくありません。そしてそのような心の問題により、性機能も低下してくることが認められています。

女性は閉経という大きな変化があるため、自分の症状に気がつきやすいものです。しかし男性は自分が更年期を迎えていることに気がつかず、疲れているだけだから、と病院に行くこともまれです。誰にも相談できず、ひとりで悩んでしまう事が多いのです。しかし男性の心の悩みや性機能低下の裏には、男性更年期障害というものがあるということを、きちんと知っておいてほしいのです。

更年期障害とは青年期・中年期の終焉を意味するのではなく、これからよりよい熟年期を迎えるための「階段の踊り場」のようなもの。この時期にセックスへの興味がなくなることを放置していると、後年の楽しみを放棄して枯れていくことになります。そのことをよく理解しておいて下さい。

ストレス社会が男性機能をダメにする

更年期障害について、ホルモンバランスの変化について述べましたが、男性機能障害の原因はホルモンだけではありません。もうひとつの大きな要素がストレスです。

現代はとにかくストレス社会。男性が更年期を迎える45~55歳という時期は、ちょうど家庭内でも社会的にも大きな変化に見舞われる時期にあたります。子どもが独立して妻との関係性に直面する時期だったり、仕事も管理職のような責任の重い役職に就いてプレッシャーを感じやすい時期でもあります。

仕事が忙しくて立ち止まっていられない。部下からはバカにされ、上司からはへこまされて出世もままならず板挟み。家に帰れば奥さんから邪険にされ、子供には無視される……。もちろん大人の男ですから、そうそう弱音を吐けないし、人前で涙を見せるわけにもいかない。とても孤独です。自殺するのは中年の男性が多いというのも頷けます。これらの生活上の問題に伴うストレス、そしてホルモンバランスの変化が互いに絡み合うと、追い打ちをかけるように男性機能も低下していくことになってしまうのです。

本質的には、男性には女性よりもよっぽど繊細な所があると思います。女性からバカにされると、口には出さなくてもとても傷ついてしまいます。中高年男性と比べれば、おばさんなんて本当に図太いものですね（笑）。男性の心と性器は密接につながっていて、心がへこむとアッチも勃たなくなってしまう。

私がオススメできることは、気分転換にプチ旅行に出かけることです。そうしたら家族も心配するし、ありがたみを確認してくれるのではないでしょうか。仕事のことでも自信がなくなることが多い時期ですが、何とか乗り切って欲しい。更年期障害にしても、2年から数年で自然に回復し切り抜けている人も多いのです。下り坂はしんどいですが、うまく下り終えれば落ち着いた熟年期を迎えられるのですから、焦らずにいってほしいですね。

2. 精神的に男を錆びさせない

自分を愛せる男になりなさい

「男として錆びない」というのは、なにも機能的なことだけを言っているのでありません。内面や外見、女性への接し方を磨くことで、男性はいくらでも魅力的になれるのです。ここではちょっと比較文化論的なお話を進めてみましょう。

ヨーロッパを中心とした欧米社会では、結婚せずに同棲を続ける内縁関係のカップルが多いのをご存知でしょうか。契約を交わしていないので、いつ別れるかわからないという危機感を常に持っています。ですからヨーロッパの男女は自分を磨き、相手にセクシーさをアピールすることを忘れません。常に新鮮な関係でいられるように努力するのです。

一方日本の男女は、結婚に甘んじて男磨き・女磨きを怠る傾向が強い。サラリーマン男性は泥酔して駅で醜態を見せ、女性は自宅でウエストがゴムのスウェットなんかを履いて化粧もせずに寝ころんでいる。男性は仕事仕事で、女性は子供にかかりっきり。お互いを男女として見るよりも同居人感覚になっていくのです。これではセックスレスの夫婦が増えるはずです。

日本人男性は欧米男性に比べると、とにかくフェロモンが圧倒的に不足しています。外見に関してもそうです。例えばスーツ。見た目はほとんど一緒だからと、スーツもワイシャツも安物を選ぶのが一番いいと思っている人が多いようです。もちろん高ければいい、というわけではありませんが、もう少しファッションに気を使ってほしい。

『LEON』というおじさまファッション雑誌で「ちょい不良《ワル》」というキーワードがブームになりました。あそこまで完璧でなくてもいいですが、それなりにセクシーさを心がけましょう。

また、みんなドレスアップすることにだけに気を遣うけれど、休日のドレスダウンが苦手な男性が多いですね。ゴルフウエアみたいなものだったり、スウェットだったり、いきなりくだけすぎています。もう少しおしゃれを楽しんでもいいのではないでしょうか。せめて自分に合った色だけでも知っておくと違います。

身なりを気にしない人は、自己愛が弱いのです。ちょっとナルシストなくらいでもいいのです。自分をもっと愛して、魅力的な人間になってほしい。自分を好きになる、愛するということは、実は結構大事なことです。

でもこれは、多くの日本人女性にも言いたいことなんですけどね（笑）。男性がカッコよくなれば、奥さんだってあなたを男として見るようになる。そうしたら、女性だってもう少し身なりに気を遣ってくれるようになるはずです。

知的な関心を持ち、感性を磨きなさい

日本の男性は、お酒を飲んで憂さ晴らしをするのにお金を惜しまないのに、ファッションなどの外見や、文化的なこと、スキルアップなどにあまりお金を使わないですね。お小遣いが限られているのであれば、タバコをやめるとか、何かを犠牲にして、その分新しい事に挑戦しましょう。そうしないと、いつまでたってもダサいままです。

女性は積極的に友達と美術館に行ったり、ショッピングしたり、趣味に没頭したりと新しい知識や教養を身につけてきます。時間もあるし、好奇心も旺盛です。でも男性は忙しくって、せいぜいが焼鳥屋くらい。お酒を飲んで愚痴ばかり言っている。そんな男性を誰が魅力的だと思うでしょう。仕事が大変だとしても、これではいけません。

いつまでも若々しい気分でいるためにも、知的好奇心は必要なものです。美しい絵画を眺める、音楽を聴きにコンサートへ出かける、興味のある知識人の話を聞く、新しいジャンルの小説を読む……。もちろんひとりで海外旅行に出かけてみるのもいいですね。

芸術的な刺激は、あなたに人間的な深みや、新しい視点を与えてくれます。常に自分を揺さぶるような体験をしていくことで、人生の倦怠感だったりマンネリ感だったり、そういうものを払拭していくのです。そして感性も磨かれて心も若々しくいられ、女性が一緒にいても楽しく思える男性になれるのです。

習い事を始めてみるものいいですね。会社と家の往復じゃなくて、新しい行動範囲を広げることにもなります。若い子と食事に行くとか、自分の青春時代を思い出したりして、擬似でもいいから恋愛するべき。なんとなくイイなと思うだけでも、やっぱり若さを保つためにはとても大切なことです。

男性が自分磨きをしない結果、もたらされるのが「成田離婚」みたいな現象です。男性は結婚するまでデート代やホテル代、結婚資金なんかを工面していて、海外に行く余裕がない。ましてや英語も話せない。彼女はどうかというと、独身時代からいろんなところに旅行に行って、英会話も習っている。それで一緒に新婚旅行なんて行くと、英語はしゃべれない、海外旅行も初めてでオロオロする男性の姿に幻滅してしまうのです。違う環境に行けば人間は地が出てくるのです。

ですから、男性も女性のことが本当に知りたかったら、一緒に旅行に行ってみることです。1泊2日でどこかへ出かければ、海外じゃなくても本性が見えてきます。でも男性は自分も試されている、見られているってことを意識しましょう。

オトコ遍歴プロファイル②

格闘技界の男のご自慢ペニス

芸能界、歌舞伎界、政界とさまざまな分野の一流男性とお付き合いしてきましたが、格闘技界の恋人は強烈な記憶として残っています。

格闘家は、筋力があって自分の体を上手く支えられるから意外と重たくないのです。驚いたことは体重ではなくて、ペニスに真珠がたくさん入っていたこと。根本の方だったら丁度クリトリスに当たって気持ちいいのに、彼の真珠はカリ首にたくさん入っていて、とても痛い思いをしました。

男性の虚栄心なのでしょうが、全く理解できない価値観です。

3. 衰えを感じたらすぐに対策

リンパマッサージと睾丸マッサージ

「最近ちょっとアッチの元気がないな、体も疲れやすいし、俺も衰えてきたのかな」そんな風に感じたら、先手を打ってすぐに対策を講じましょう。ここでオススメするのは、「リンパマッサージ」と「睾丸マッサージ」です。

リンパの流れは人間にとって大事なものですが、現代人は運動不足やストレスが原因でその流れが滞りがちです。リンパ液の流れが悪くなると、体に老廃物が溜まってむくんだり、肌色が暗くなったり、免疫機能が低下して病気をしやすくなったりします。若さを保つためにも流れをよくしておきたいものです。

女性は小顔を目指して顔面のリンパマッサージを行ったり、美容のためにエステを受けに行ったりします。男性はあまりこのようなことはしませんが、リンパの流れが良くなることで元気に若々しくいられるというのは男女共通です。

男性の場合、下半身のリンパの流れが特に大切です。下半身のリンパ管は、足の付け根に集中しています。ここを通るリンパの流れが悪くなると、同じく血液も循環しにくくなります。従ってペニスにも血が通いにくくなり、勃起不全にもつながります。そこでこの付け根部分、パンティラインをマッサージしてあげます。

マッサージは素肌に直接手で触れて行います。親指以外の4本の指を揃えて付け根にあてがいます。そこから少しづつ指を内側にスライドさせつつ押していきます。たまった老廃物を流れるようにほぐしていく感覚です。初めから強くやると後から痛みますから、手で温めるようにしながら徐々に力を入れましょう。

マッサージは、入浴後など体が温まった状態で行うと効果大です。お風呂に入った時にリンパマッサージを行い、ついでに睾丸もマッサージしてあげましょう。

睾丸周辺にもリンパ節がたくさんあります。そこを刺激してやることで、精力、勃起力のアップ、精液量の増加が見込めます。お風呂で温まって広がった陰嚢を裏側から押してあげたり、睾丸を手のひらでコロコロしたりします。その際、石鹸などで滑りを良くするといいでしょう。お風呂以外の場所なら、マッサージクリームやオイルを使いましょう。リンパマッサージにより、老廃物は尿として体外に出ますので、マッサージ前後には水分をしっかり摂って下さい。

セックスに有効な筋力をつける

筋肉があるには越したことはないけれど、なかなかトレーニングの時間も取れないし、今さらやっても……なんて思っていませんか？　確かに筋トレなんて大変な感じがしますし、現代人が忙しいのもしょうがないこと。でも、ここだけは鍛えたほうがいい、というところがあります。それは、腕の筋力です。

男性の腕の力は、セックスにとって、とても重要なポイントです。腕の力が強いとベッドの上での可能性が広がります。中年になってお腹が出てくるのはしょうがないにしても、腕の筋力は衰えないようにしてほしいものです。

私が付き合っていたある空手家は、練習で鍛えていたから全身鋼のような筋肉質。当然腕の筋力もあったから、ベッドの中でも自由自在。私を軽々と動かしてどんなことでもしてくれました。みなさんに空手の練習をしろとは言いませんが、まずは腕立て伏せを始めてみてはいかがでしょうか。

腕の力がつくと、セックスの時に自分を支える力になるので、胸板にも自然に厚みがでてきます。腹筋も本当はあるといいですが、一度には中高年には辛いでしょう。できることからひとつずつやっていけばいいんです。無理をしないのも中高年には必要なことなんです。

それから、男性の武器は腕や性器だけじゃありません。舌も女性を喜ばせるための重要な道具です。銀座時代に、年配のお客さんから聞いた舌のトレーニング方法を紹介しましょう。まず、深いブランデーグラスの下のほうに、少しだけ蜂蜜やブランデーを入れます。そして、そこに顔をあてて、舌をグラスの底に届かせるように伸ばし、蜂蜜やブランデーを舐めます。そうすることで、舌が伸びて長くなり、筋肉が強くなる。そうすると、舌がペニスの代わりを務められるようになる、ということです。銀座のモテる男はそのくらい努力をしているのです。

射精をコントロールするトレーニング

ある程度の年齢になると、射精のタイミングをコントロールすることを勧めます。

男性機能というのは、遅漏でなかなかイカなくて途中で萎えてしまう人もいるし、逆にやっと勃ったからって急いでイこうと思って早漏になる人もいるし、個人差が大きなものです。状況や相手にもよるでしょう。遅漏で出ないというのは、女性も長く楽しめてよいかと思いますが、逆に早い、という人。そんな人はある程度訓練をして射精を遅らせられるようにしましょう。

まずセルフプレジャーのときに、射精寸前までもっていきます。ギリギリのところでイクのをグッとこらえる、という練習をします。

男性のお腹の奥の方には、射精するときに使う筋肉があります。インナーマッスルですね。その筋肉を引き締めるようなイメージで射精を我慢する。オシッコをぐっと我慢する感じって彼氏が言っていましたけれども。

もしくは、ペニスを手でグッと握ることで我慢をする。そうすると、気分的には一旦射精したみたいな気分になります。でも精液は出ない。初めの頃は、「出したい！」ともやもやした気持ちになりますが、そうすることによって、イク瞬間がより気持ちよくなります。お風呂場で毎日やってみましょう。イク寸前で止めることを繰り返しておくと、射精のコントロールが徐々にできるようになってきます。

こういった射精コントロールは中国の性医学でも発達している分野です。中国のテクニックについては第5章で詳しくご紹介します。

思い切ってタバコをやめる

喫煙が体に与える悪影響はいろいろとありますが、その中でも血液の流れが悪くなるということが男性機能に大きなダメージを与えます。過剰な喫煙はペニス内の血管や繊維組織を収縮させてしまい、ペニスに完璧に血が集まらなくなるのです。その結果、勃ちが悪くなるのですね。だから、喫煙する男性は比較的早い段階からダメになっちゃう人が多いのです。

私がお付き合いした男性の面々を見ても、タバコを吸う人は中折れしたり、完全に硬くならない傾向が多かったのです。

タバコは性機能にも悪影響を与えるもの、という認識を持ちましょう。勃たないからダメということはありませんが、自分で何とかしたいと考えているなら、できれば禁煙したほうがいい。

今は世の中の流れが喫煙者に厳しくなっていますから、男性でもタバコをやめたという人も結構いますね。食欲が増して太ってしまう人もいますが、食欲があることはとてもいいこと。食べたぶん運動したらいいのです。ニコチンによる歯の黄ばみも見苦しいですし、この際思い切って止めてみるのも手です。

それからお酒の問題もありますね。ベッドインの前の少量のワインなんかは雰囲気を良くしてくれますが、ほどほどにしないと、アルコールが原因で勃たない場合もあるでしょう。女性をリードする立場の男性がべろんべろんで前後不覚というのもどうかなと思います。

関係が深まったふたりなら、いっしょにパーッと飲んでっていうのも楽しいけど、まだ微妙な関係ならお酒も適量を心がけましょう。

バイアグラより漢方を

ＥＤにはバイアグラ、というのが日本では一般的になって久しいですね。女性からすれば、薬を飲んでまで硬くなることにこだわらなくていいのに、男性のペニス信仰には根深いものがあるようです。

バイアグラを飲むと確かにペニスは勃起しますが、気持ちが良いから勃つのとは違います。指の血を止めるように、ぎゅーっと握り続けると、うっ血して指がパンパンになりますよね。あんな感じで硬くなります。物理的には勃起しますが、ずっと勃ちっぱなしになってしまうそうです。やはり副作用も心配です。

ＡＶ男優は仕事のためにバイアグラを飲みますが、普通の男性はそこまでする必要はありません。女のために薬を飲み続けて、不自然な勃起をした結果体でも壊されたら、そのほうがよっぽど女性は悲しみます。

ですから私は、漢方薬をお勧めしております。薬による治療とは違い、漢方だと体質改善も望めます。個人差はありますが、40代50代前後から生活習慣による体質バランスのずれが積み重なってきます。そこから誘発される慢性病を防ぐ役割も、漢方なら担ってくれるのです。

そして自分でも「真珠」という滋養強壮剤を作ってしまいました。素材は、朝鮮人参や冬虫夏草粉、山芋のエキスといった天然の成分でできていますので、副作用の心配もありません。だいたい飲むと30分～1時間くらいで元気が出て、大きくなってきます。バイアグラはずっと勃ったままですが、漢方は興奮したときだけ働くので、より自然な勃起が楽しめます。

精力剤とまではいかなくても、機能の衰えを感じたら、サプリメントの類を試してみてもいいですね。牡蠣エキスなんかは、高い栄養素を含んでいて、強性作用があると言われています。そこに含まれている亜鉛は高血圧にも良い物質ですから、悩んでいる人は試してみるのもいいでしょう。

それから定番ですが、スッポンやマカもあります。マカはペルーを中心に生息する植物で、インカ帝国の時代から食用として用いられてきました。なんとなく調子が悪いという人は試してみてはいかがでしょうか。

オトコ遍歴プロファイル③

某俳優のジコチュー体位

ベッドに入ると、ものすごくしつこかった当時人気絶頂の俳優Kさん。とにかく何度も体位を変え、お好み焼きみたいに私をパタパタひっくり返すのです。1時間半ほどの間に何10種という体位を試されました。どうだ、俺はすごいだろう、テクニシャンだろうって言いたかったのかもしれないけど、女性は集中できるわけがない。ちょっとイイな、気持ちいいなと思うと、すぐに次の体位。これでは楽しめません。体位は3~4回も変えれば十分です。

《下着がダサいと性欲も萎える》

あなたは今、どんな下着をつけていますか？　ブリーフ？　トランクス？　それともボクサータイプ？　それはいつ購入したものですか？

一般的に、下着を見ればその人の性格までわかると言います。だらしない下着をつけた人はやっぱり性格もだらしないし、いつまでも古い物を履いている人は、何事でも新しいものを取りいれることを面倒くさがる人なんじゃないかしら。

とても美しい女性とベッドインできることになって、いざ服を脱がせてみると、ものすごく大きくてオバさん丸出しの下着をつけていたとしたら、男性は引いてしまいますよね。それは女性だって同じこと。

ああ素敵な男性だわ、スーツもいいものを着てるし、いい体……なんて思っても、ズボンを脱いだら白いブリーフ！　なんて千年の恋も一気に冷めます。下着に頓着しない人なんて、それまでの人だと思われても仕方ありません。体型も昔ほどしまっていない中高年男性にとって、下着選びは重要です。

ある程度歳を重ねると、男性もお尻や太ももに張りがなくなっていきます。それなのに、伸びたようなブリーフを履いて、体との間に隙間ができているなんて絶対にダメ！　大きな白いブリーフは、セクシーじゃないし、年寄りくさいし、そうじゃなくてもブリーフ自体、女性には不人気なもの。私だけの好みじゃなくて、多くの女性が同じことを言いますよ。

そこで、垂れてきたお尻の肉をきれいに見せるためにも、ピチっとしたボクサーパンツがお勧めです。逆にメタボリックが気になっているような人は、トランクスが良いです。柄も自分がいいなと思えるものを選んで、下着のおしゃれを楽しみましょう。

世の中には男性向けの補正下着も存在しています。弛んだお尻や太ったお腹をギュッと引き締めてくれます。男性がそこまでする必要はないとは思いますが、それでも自分をよく見せよう、という努力は認めてあげたいわ。

パンツだけでなく、下着のシャツ選びにも気を使いましょう。愛用している男性も多いでしょうが、白いランニングシャツはやっぱり老けて見えてしまいます。おしゃれなデザインのインナーを選ぶとか、少し考えた方がいいでしょう。セックスが終わって服を着るときに、後ろを向いて白いランニングを着ている姿なんて、なんだか侘しい感じがしませんか。

それから個人的には、ワイシャツの下にインナーは着ないでほしい。その方がセクシーだし、いいと思うんですけど、いかがでしょうか。夏は汗をかくという人もいるでしょうが、せめてデートの時は、実用性よりもおしゃれを優先しましょう。

第3章

愛撫を変えれば
セックスは変わる!

1. 女性にとっての愛撫とは

女性から欲しいと言われるまでとことん愛撫を続ける

愛撫で何よりも大事なことは、

①「とにかく時間をかけること」

②「女性をとことんじらすこと」

このふたつです。

でも実際には、自分の欲望ばかりが先立って、愛撫を十分に行っていない男性が多いのが事実。自分の快感ばかりを追い求めて、女性がどう感じているかを真剣に考えてくれる男性は本当に少ないものです。

だいたい女性は、挿入されることを男性が思うほどには求めていません。時間をかけた愛撫を受けて、じらされてじらされて、もうどうしても欲しい！　という風になるくらいまで愛撫をしてほしいもの。そういう状態になって初めて、挿入されることで大きな喜びを感じることができます。

若いうちは、いきなり挿入に持っていこうとする人も多いですよね。早く入れたい! 射精したい! と焦るのは若者ですからしょうがないかもしれませんが、あくまでワカモンの専売特許にしてほしい。焦った姿は中年男性には似合いません。

そもそも中高年になれば、男性はなかなか勃起しなくなるもの。自分のためにも、じっくり時間をかけて女性の体を味わい尽くしましょう。年齢を重ねてきた男性だからこそ、女性が参ってしまうくらい時間をかけて前戯を行いましょう。

意外性のある愛撫で女性を燃え上がらせる

女性はセックス中に結構他の考え事をしているものです。また、セックスや愛撫の仕方が単調だと、「ああ、今おっぱいを触られてるな」、「お尻に来たな」と、冷静に考えてしまうのです。もっと悪ければ「今日の夕食は何にしようかな」「あの洋服かわいかったな。イッたフリして早く終わらせれば、閉店までに間に合うかも」なんて、体は裸でも頭はすっかり現実の生活に戻っているかもしれません。

いろいろな女性の話を聞いてきましたが、実際に99%の女性が演技をしているのです。

そんな女性に現実を忘れさせて夢見心地にするためには、愛撫も単調にならないような工夫が必要です。

一番のポイントは「一度に数ヵ所を攻める」ということ。手でお尻を撫でていたら、唇では首筋にキスをする、右手でクリトリスを刺激しているなら左手は胸に、といったような具合です。そうやって同時にいくつもの刺激を与えられることで、女性は何が起きているのかわからなくなり、だんだんと愛撫に反応していきます。

そもそも女性の体は、そんなに簡単には熱くなっていきません。5分程度では体はまだまだ感じてきません。愛撫に最低でも20分はかけて、耳元でエッチな言葉を囁いたりしてあげることで、女性は徐々に燃え上ってくるのです。始めからフィニッシュまで20分もかからない、なんていう人も多いですが、それではやっと女性が燃え上がって来た頃に終わり、ってことになります。

どうせセックスするなら「やっぱり大人の男性は違うな」と女性に思わせたいで

すよね。時間をかけてさらに情熱を込めれば、女性は絶対にあなたの愛撫に反応を示してくれます。「こんなことされたの初めて」「誰にもされたことのないことをする人だ」と思わせれば、女性は激しい挿入よりもよほど充足感を感じます。

よく女性器の締まり具合を云々言う男性がいます。もちろん子供を産むことで、女性器はある程度広がることは否めません。でも女性器は、本能的に精子を逃さないようイクときにはギュッと締まります。それと同じように、女性の体が快感を得ることで女性器は締まっていきます。愛撫をしっかりして、感じさせてあげればいいのです。

女性は快感以上に〝感動〟を求めている

女性はセックスを通じて「愛されている」「求められている」という感動を欲しているのです。ですから男性は、股を開かせる前に女性の心を開かせることが大切です。女性はあなたの愛撫を通じて、「私は大切にされている」と感じ、性的にも開かれていきます。愛撫は女性の心をも解放させるためのものだと理解してください。

心を開かせるには、ベッドの中での言葉も大事な要素。「愛してるよ」「きれいだよ」といった言葉をシャワーのように浴びせ続けてほしい。慣れていないと恥ずかしく思うかもしれませんが、ベッドの中では多少クサいセリフも自然に聞こえるものです。逆に普段そういったことを言わない男性がベッドの中で褒めてくれたり、いやらしい言葉を発したりすると、女性はその意外性にグラリとくるのです。

イタリア人男性なんて、そういうことにかけては世界一です。それほど美しくない女性に対しても、「笑顔がチャーミングだね」「唇がかわいいね」といったように、具体的なポイントを探して褒める。美人だと褒められ慣れている女性ならば「君には知性を感じるよ」「君といると本当に落ち着くよ」といったように意外性を持たせるのもいいでしょう。

日本男性はセックス中に無口すぎるので、ベッドでのボキャブラリーを増やすことを心がけてみてほしいものです。

女性にとって後戯も愛撫の重要な一部

本当のいい男はセックス後もやっぱりいい男。後戯もしっかり行って女性を慈しみます。セックス後で男の真価が問われると言ってもいいくらいです。でも後戯が丁寧な男性は本当に少ないのが現状です。

男性は射精後一気に興奮が冷めていきますが、女性はオーガズムを迎えてからも快感が続きます。なだらかなカーブを描くように徐々に冷めていく。だから、まだ余韻に浸っている女性を放置して、シャワーを浴びに行くような男性には興醒めです。終わった後まで女性にサービスするなんて面倒くさいかもしれませんが、身勝手な思いは捨てて、大切に扱ってあげましょう。その思いは必ず女性に伝わり、もう一度この男に抱かれたいと思うはずです。

フィニッシュ後は、女性器にティッシュを当ててあげましょう。終わってからシャワーを浴びるなら、女性の体を洗ってあげるのも喜ばれます。射精後でも女性を大事にしているということを見せてあげることがポイントなのです。

2. 全身への愛撫実践

体をまず温めてくれることに感動する

愛撫の実践方法に入る前に、第1章で述べた「1000人にひとりの男」の体験を書きます。この男性のセックスは、何か特別超絶的な技巧を使うとか、性器がとても大きくてすごいとかいうことではありません。でも彼のセックスは本当にすばらしかった。それは愛撫にも言えることだったのです。

彼はベッドの上で、そっと私の足を体で抱くようにしたのです。普通ベッドインしたら胸を触ってきたりキスをしたりすると思いますが、彼は私の両足を優しく抱きしめたのです。冷えた足が温まるまで、じっとそうしていてくれました。それまでに何百人という男性とベッドを共にしてきましたが、そんなことをする男性は皆無だったので、大きな喜びと共に、驚き、感動しました。

男性は、「たかが冷え性」と思うかもしれません。でも冷えに苦しむ女性は意外に多いものです。手足が冷えることで、肩こりやだるさを感じたり、体がむくんだり、生理不順を引き起こしたりと、女性が抱えるトラブルは想像以上でしょう。

また、初めてベッドインする場合は女性も多少緊張しているので、そういった緊張をほぐし、女性をゆったりとリラックスさせるためにも、「ただ温めてあげる」というのは有効な方法だと思います。

もちろん性的に興奮状態になるためにも、体は温まっていなくてはいけません。彼はそういうこともわかった上で、私のことを温めようとしてくれたのです。AVなどでは、こんなまだるっこしいことは絶対にしませんよね。ちょこちょこっとおっぱいを触って性器を触って、濡れているか確認もせずすぐ挿入。でも本当に大人が慈しみ合うセックスってもっと穏やかに進行されていくべきなのです。

男性が直線的に興奮し、射精で一気に冷めるのとは異なり、女性は「スロー・スターター」。ゆっくりと盛り上がり、ゆっくりと戻っていく。ですから男性はそのペースに合わせる努力を少しでもしてみて下さい。

背面からの愛撫

①手

体がぽかぽかしていないと、性感帯も起き上がってこないので、まずはじっくりと女性の体を温めてあげることを考えましょう。はやる気持ちがあったとしても、焦らないのが大人の男性のマナーです。

手を触って冷たかったら、「手が冷たいね」なんて言いながら、手をさすってあげる。これで女性の手が温まるまで握ってあげましょう。

また軽くマッサージをしてあげても女性は喜ぶもの。手の親指と人差し指のつけねの間には「虎口《ここう》」と呼ばれるツボがあります。冷えにも効果的ですし、緊張をほぐしてリラックスさせる効果もありますので、ぜひ取り入れてみてください。

ご夫婦の場合は特に、マッサージで喜んでもらえるポイントだと思います。温まるまで時間がかかるかもしれませんが、じっくり行いましょう。末端の血の巡りが良くなることで中心部も徐々に温まっていきます。

頭でわかっていても実践する男性はとても少なく、いきなり胸への愛撫やキスに入る人が多いと思います。だからこそ、そうではない事から始める人は印象にも残りますし、「この人はちょっと違うな、すごいことをしてくれるかもしれない」という期待感を煽ることにもなるのです。

②足

冷え性の人は、手と同時に末端である足も冷たくなります。これも足先を中心にそっと温めてあげましょう。手で撫でてあげるのもいいですし、ふくらはぎから下を抱くようにしてもよいでしょう。

女性の足が冷えているというのは、血管を収縮させたり拡張させる自律神経のバランスが取れていない、という理由も考えられます。足を温めることは、ホルモンや神経のバランスを整えることにもなりますので、やさしく行ってあげるとよいでしょう。

とても冷えている女性ならば、本格的にマッサージをして、リラックスさせてあげるのもさらに効果的。マッサージの上手い男は必ずモテます。

足の内側には、「照海《しょうかい》」と呼ばれるツボがあります。このツボは、血行を促し冷えを緩和すると言われています。場所は、足の内側のくるぶしの2センチ下あたりです。親指でゆっくり5秒ほど押すようにします。指圧は5分程度行うと効果的です。

他に「三陰交《さんいんこう》」も冷え性、婦人系の諸症状に効くといわれる代表的なツボです。場所は内くるぶしの盛り上がった部分から、指4本分くらい上。脛の骨の内側あたりです。腰の冷えや更年期障害に対する効果もあるとされています。

また、愛撫で重要な「じらし」という観点から、足への愛撫は効果的。中心部ではなく末端から徐々に触っていくことで、女性はじらされ、盛り上がっていくのです。

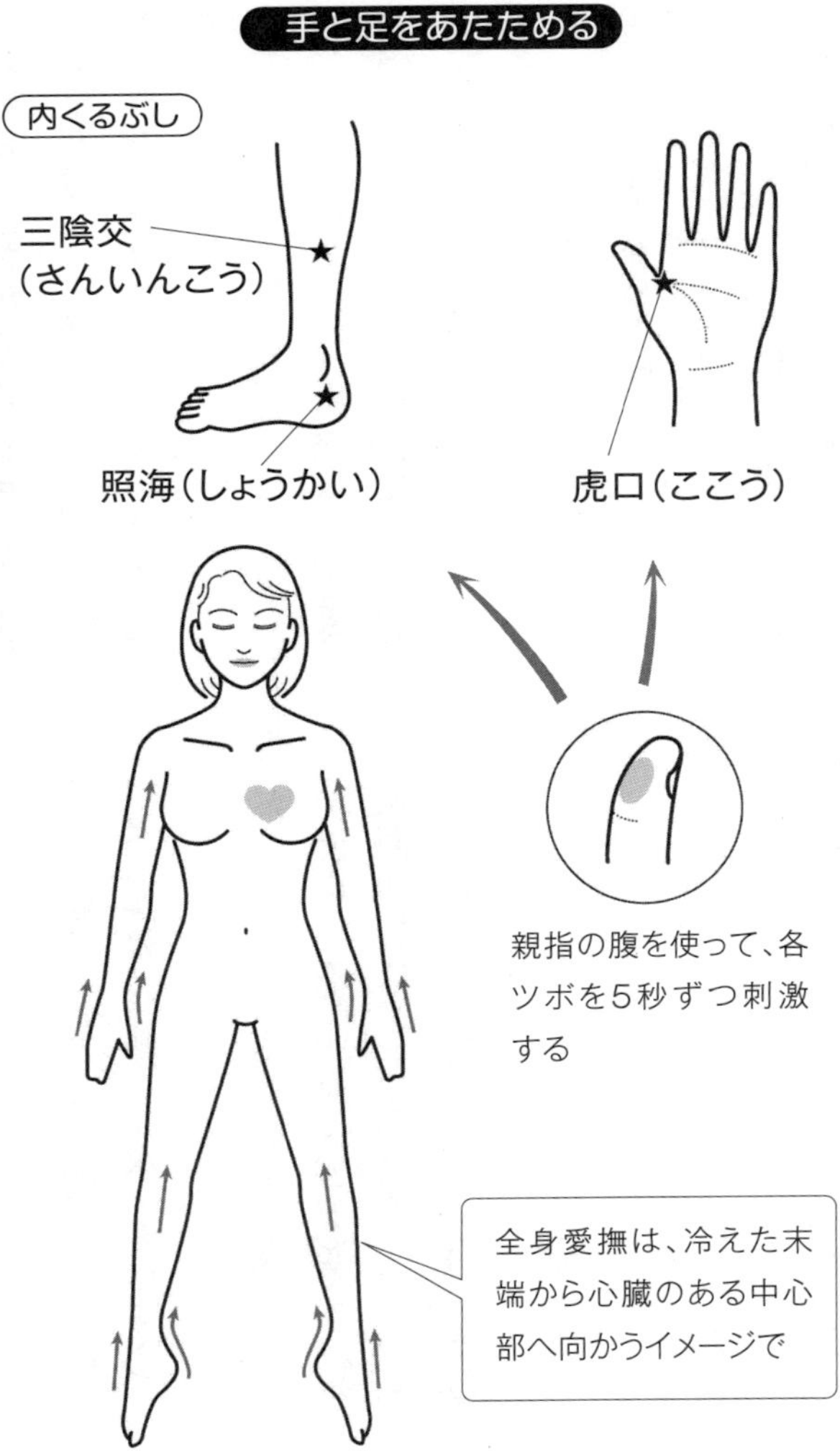
手と足をあたためる
内くるぶし
三陰交
(さんいんこう)
照海(しょうかい)
虎口(ここう)
親指の腹を使って、各ツボを5秒ずつ刺激する
全身愛撫は、冷えた末端から心臓のある中心部へ向かうイメージで

③言葉をかけながらうつぶせにさせる

手足が温まった後も、まだ胸への愛撫には移りません。ここでは胸の面を前面、背中側を背面と呼んで話を進めます。手足への愛撫が終わったら、次に愛撫すべきなのは背面です。

だいたいの男性は前面を愛撫することには熱心ですが、背面をおろそかにしがち。でも実は女性の性感帯は背中や首筋など背面にこそ集中しているのです。足が温まったら、次に女性の体をうつぶせにして背面から愛撫を開始しましょう。「マッサージしてあげるからうつぶせになってごらん」といったように声をかけてあげるとスムーズです。

④ふくらはぎから内腿へ

うつぶせにしたら、足側からマッサージをしていきます。ここでのポイントは、体の内側です。足ならば内腿を刺激する、ということです。

外環境にさらされて刺激に鈍感な外腿と違って、日常生活ではほとんど触られることのない内腿は、刺激に対して非常に敏感です。ですから、まずは感じやすい内腿を撫でてあげましょう。内腿のみを撫でるときは、女性がゾクッとする感覚を楽しめるように、足の付け根まで手を止めないようにしましょう。

次に、脚の裏側を触るときは、ふくらはぎ、内腿、お尻のほうまで蝶が止まるような感じでさすっていきます。足首からスーッと指先を這わせ、ふくらはぎやヒザ裏など、特に感じやすいところでは円を描くように長めに愛撫します。

また、唇で攻めたいときは必ず唾液に気をつけましょう。下半身にべったり唾液をつけられると不快感を覚えます。舌全体を使っても唾液がつかない舐め方を、自分の体を使って練習しておきましょう。

よく足の指をぺろぺろ舐める男性がいますが、普通に考えても足を舐めた口でキスをされるのは汚いです。女性はこういうときにサーッと冷静に戻るのです。指の股を舐められると感じるという人もいるようですが、そのあたりは女性の好みです。一方的に押し付けるのではなく、相互理解を深めながらチャレンジしましょう。

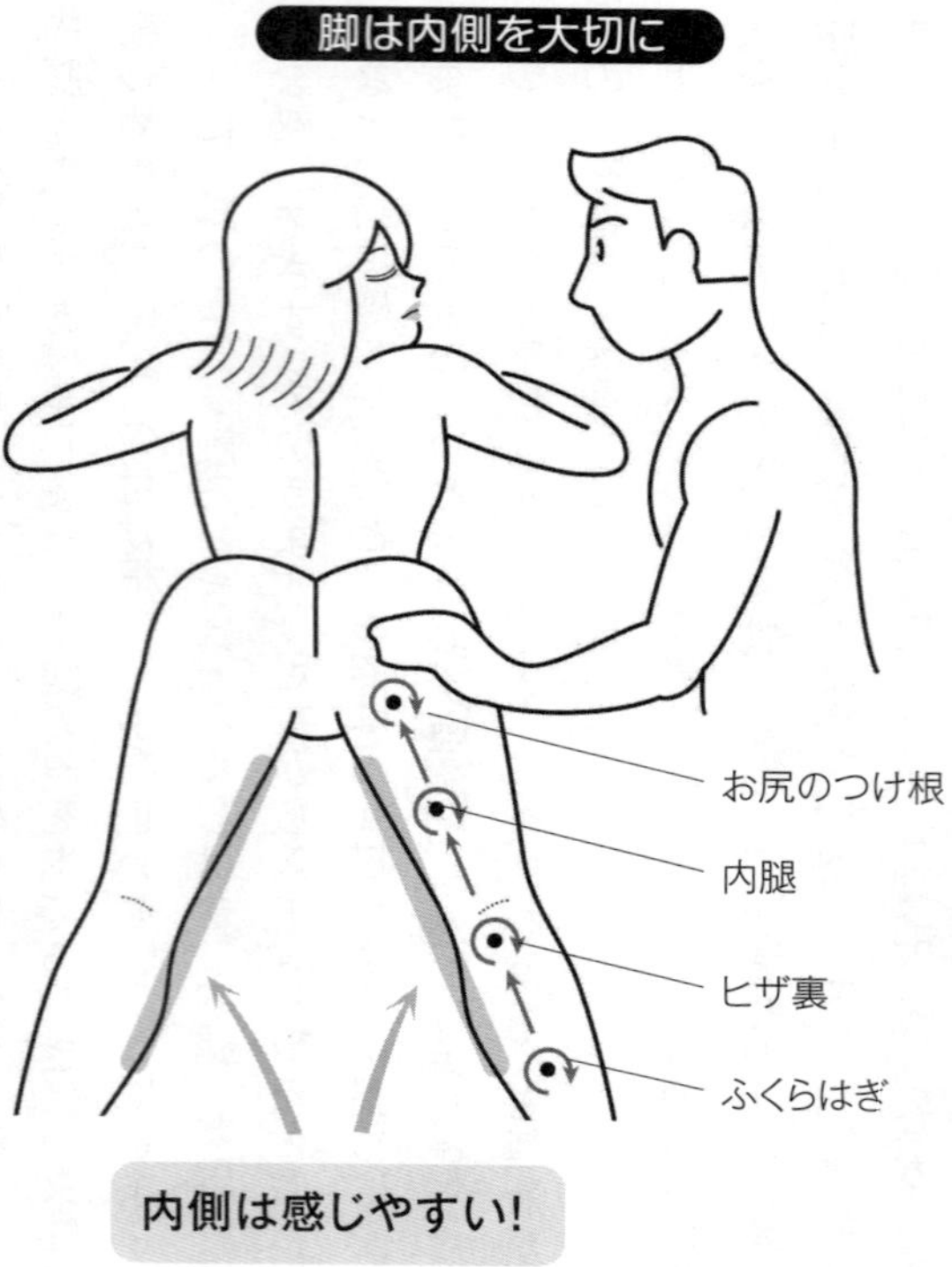

①指での愛撫

「ス〜ッ」という直線の動きと、性感ポイントの上でゆっくり円を描く曲線の動きを繰り返す

②唇での愛撫

触れるか触れないかくらいのタッチで、体の中心に向けて唇を這わせる

⑤お尻

さて、背面を足先からふくらはぎ、内腿と愛撫ポイントを徐々に上げてきたら、次はお尻への愛撫となります。

まずはお尻の側面をゆっくりと触ります。次に、お尻のほっぺたを丸く撫でます。手のひらはお尻のカーブにあわせてやわらかな丸みをつけましょう。

実はお尻のほっぺたは感覚が鈍い部分。中身はほとんど脂肪分ですし、椅子に座ったり横になったりと常に刺激を受けている部分ですから、感覚が鈍っているんですね。お尻への愛撫で大切なのは、

「割れ目の内側をなでる」

ということです。ほっぺたへの愛撫が終わったら、ソフトなタッチで内腿から割れ目の辺りをさわさわと触っていきます。手刀のような形でお尻の谷間にゆっくり片手を這わせます。

ただし、ここではまだお尻は触っても、アソコには触らないこと。割れ目の内側は触るけど、スレスレで大事な部分は避けます。これで女性はかなり意外性を感

じ、じらされて興奮してきます。そして実際に触れた時には「やっと触ってくれた」と感動が増すのです。

また、アナル未体験の女性は肛門に触れられることをとても嫌がります。嫌というよりも恥ずかしいのでしょうが、怒る女性もいます。逆に触ってほしいというような、開発された女性もいるのでしょうが、ここではあくまで「寸止め」を心がけ、じらしていきましょう。

お尻への愛撫というと、女性のお尻を手のひらで叩いて羞恥心を煽るスパンキングプレイというものもあります。お尻は刺激に対して鈍感な部分ですから、多少手荒に扱っても大丈夫な部分ではありますが、相手の様子も見ないでいきなり叩くようなことは絶対にやめましょう。女性にMっ気があるとわかっている関係なら女性も喜ぶのでしょうが、そういうこともわからないで叩くなんてもっての他です。

私は女王様タイプですから、そんなことをされたら激怒します（笑）。まだ相手との関係がそこまで深まっていないのならば、優しくソフトにいやらしく触っておくのがベターでしょう。

⑥背中

背中にはうぶ毛が上から下へ向かって生えています。この流れに逆らうようにそっと触ることで、女性はぞくっとするような快感を味わうことができます。

ここで注意したいポイントは、男性は女性の体を強く触りすぎるということです。AVの影響なのか、強く触った方が感じるという大きな誤解がまかり通っています。乳房にせよお尻にせよ、力を入れてギュッと握ったり触ったりする。それで女性が興奮するというのは勘違いです。

背中への愛撫も同様。触れるか触れないかくらいのソフトタッチで行ってください。豆腐が壊れないくらいの強さで十分です。手のひらを肌から少し浮かせて、指先だけを肌ギリギリに降ろします。この状態でうぶ毛にかすかに触れるくらいで、下から上へなぞっていきます。速度はゆっくりと。1秒に1センチ、もっと遅いくらいでもかまいません。

またこの際、手だけではなく、唇を使った愛撫もいいでしょう。唇も押し当てるのではなく、イメージとしては、肌に蝶が止まるくらいの刺激です。また、うつぶ

背面はうぶ毛をうまく使うこと

まずはお尻のほっぺたを軽く・・・

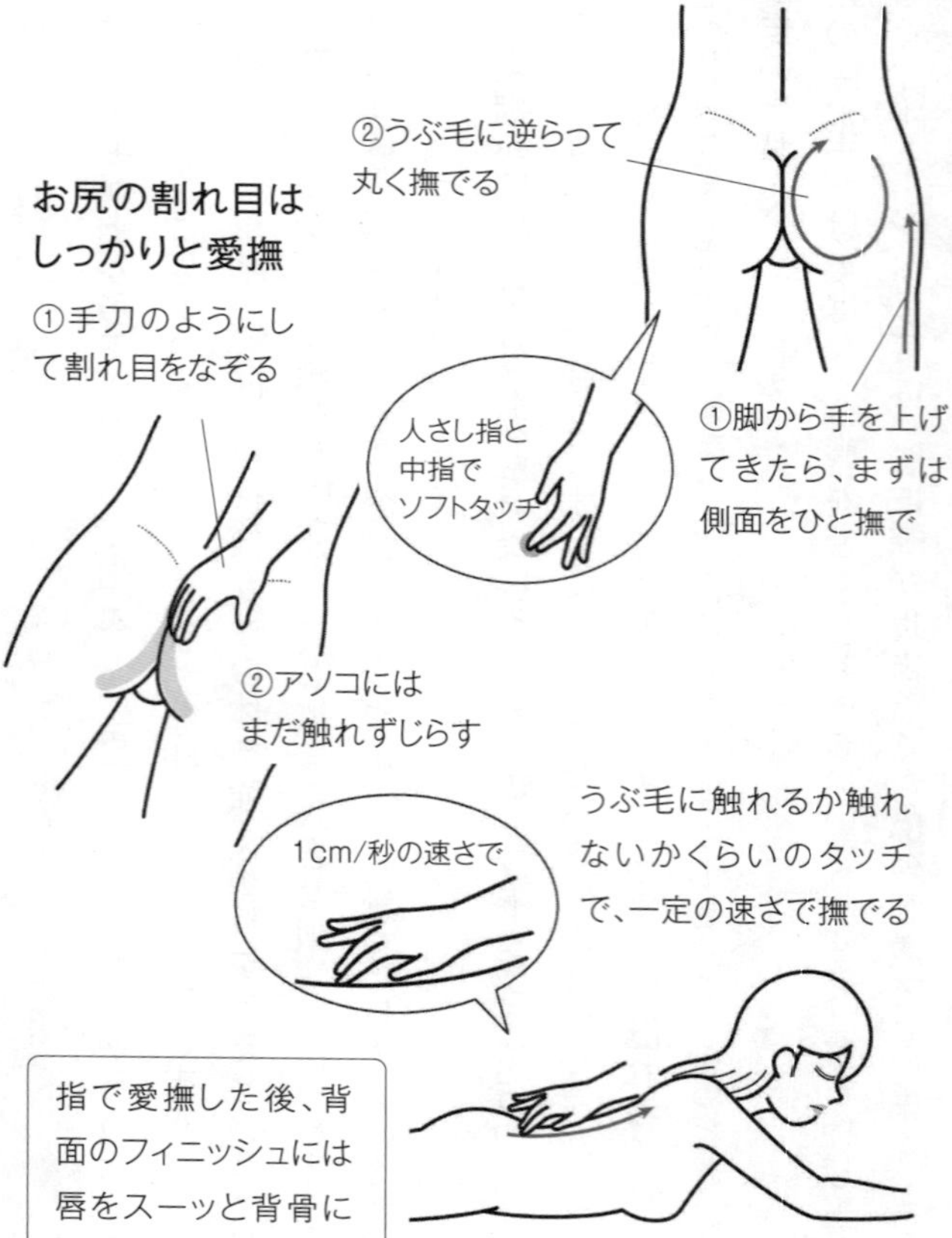

②うぶ毛に逆らって丸く撫でる
①脚から手を上げてきたら、まずは側面をひと撫で
人さし指と中指でソフトタッチ
お尻の割れ目はしっかりと愛撫
①手刀のようにして割れ目をなぞる
②アソコにはまだ触れずじらす
うぶ毛に触れるか触れないかくらいのタッチで、一定の速さで撫でる
1cm/秒の速さで

指で愛撫した後、背面のフィニッシュには唇をスーッと背骨に這わせましょう

せの女性は、次はどこに愛撫が来るのかわからないため、ときおり場所を変えると驚きが性的興奮に変わります。

⑦肩甲骨〜首筋〜耳

肩甲骨から首筋にかけては女性の性感帯が集中している重要スポット。それなのに首筋周辺をしっかり愛撫してくれる男性はほんとうに少なく、何百人中4、5人くらい。時間をかけて首筋周辺を愛撫し、他の男性との違いを見せつけてほしい所です。

まずは肩甲骨。背中を唇でそっとなぞりながらも、骨が出た部分は少し甘噛みすることでメリハリをつけます。肩甲骨だけではなく、膝や鎖骨、肩など、骨が出っ張っている部分は軽く噛む。自分の指で甘噛みの練習をして、力加減を調整できるようにしておきましょう。

肩甲骨から横に移動すると脇ですね。脇の下から5センチ下あたりは隠された女性の性感帯。ここを舌を使って刺激すると悶えてしまう女性も多いようです。べたべたと唾液を付けて舐めるのではなく、舌先で軽く刺激する程度でかまいません。軽く唇で吸ってみるのも効果的です。あまり下までいってしまうと脇腹はくすぐったく感じることが多いようです。

慣れればくすぐったさが快感に変わる女性もいると思いますが、とりあえず「やめて」と言われたらやめておきましょう。脇の下を舐める人もいますが、これも女性によって好き好きです。ただ、開発次第では性感帯に成長する可能性のある場所ではあります。

そして次は首筋。首筋はもう性感帯の集合地点といってもいい場所。うなじをそっと手で撫でるようにしたり、唇で沿わせるようにしたりと、たくさん愛撫してあげてください。後ろから首筋にそっとキスされるのを好む女性も多いので実践してみましょう。

首筋と同様、女性が性感帯にあげることが多いのが耳。耳たぶや耳の周りの軟骨部分を軽く噛んであげます。よく耳を唾液べたべたにして舐める男性がいますが、女性はかなりの確率で嫌がります。耳の中に唾液がたまったりしたらとても気分が悪くなります!

もちろん挿入段階であれば女性も盛り上がっていますから、多少ねちっこく耳をせめてもＯＫです。耳を疑似性器のように見立てて穴に出し入れします。でも愛撫の段階では、ベロベロと舐めるよりも、息を吹きかけるのが効果的。フーッと熱い吐息をかけることで女性はクラっと参ってしまいます。耳元で「感じてるね」「ここ気持ちいい?」など、いやらしい言葉を囁くというのも、やっぱり女性は興奮します。

ここまで終われば、胸にも性器にも触れていないのに、かなり女性は盛り上がってきているはずです。

性感帯の集合スポット

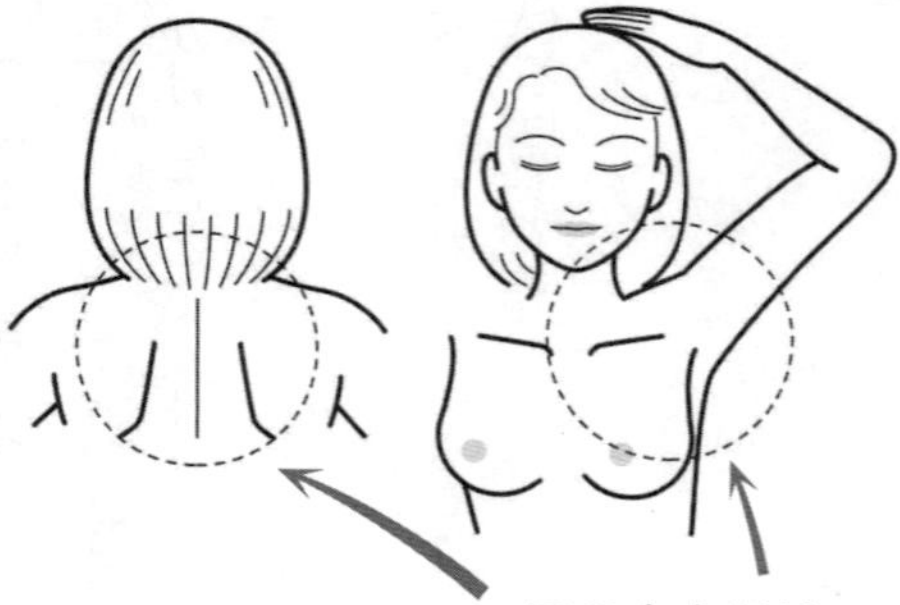

このあたりは
ヒットゾーン!!

肩甲骨

肩甲骨を甘噛みする

鎖骨

鎖骨の両端を刺激する

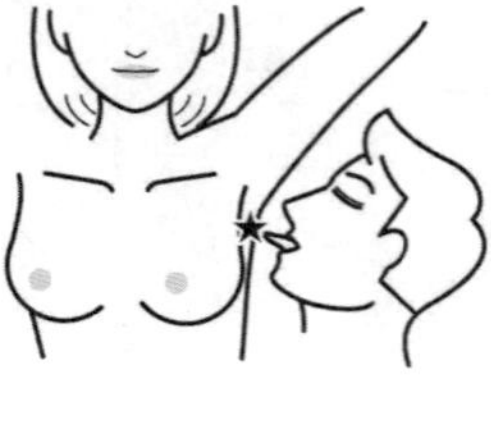

脇

舌先を硬くして一ヵ所
を刺激する

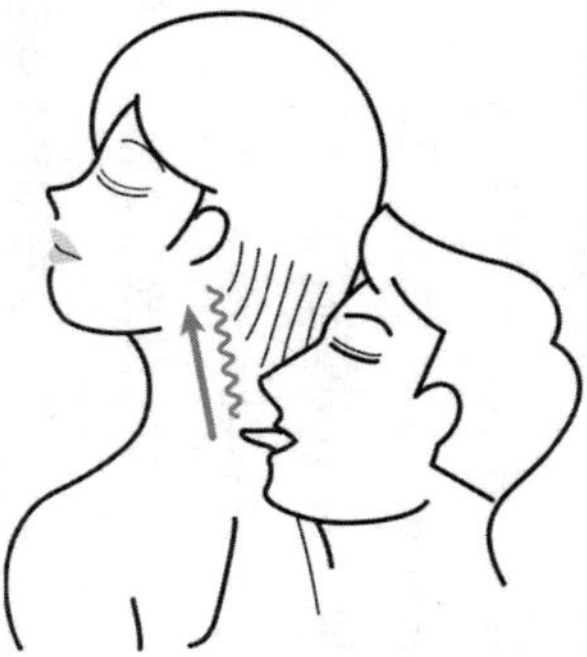

鎖骨

うなじを手で撫でたり舌を這わせたりする。耳元で優しい言葉を囁いてあげましょう

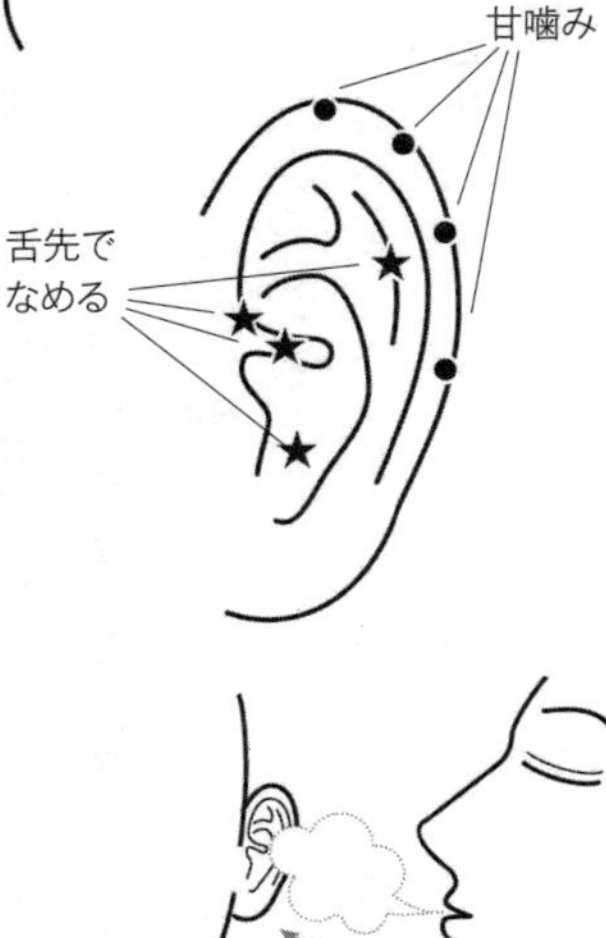

耳

耳は擬似性器!
ただし、最初から唾液をべったりつけるのはNG!

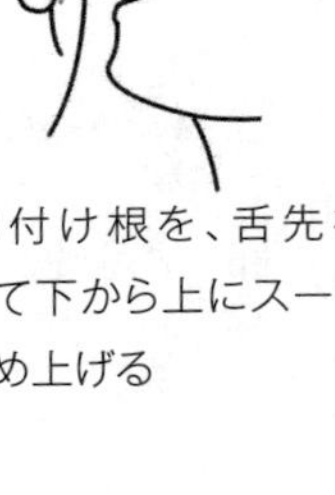

耳の付け根を、舌先を使って下から上にスーッと舐め上げる

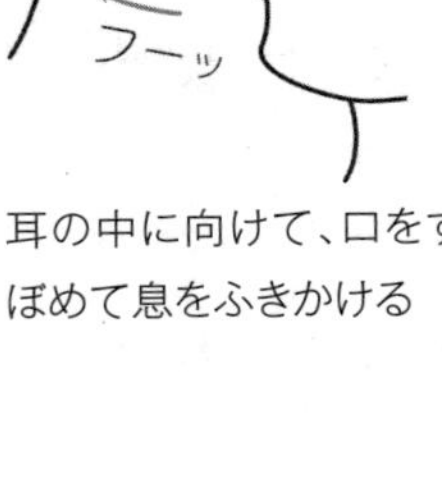

耳の中に向けて、口をすぼめて息をふきかける

正面からの愛撫へ

⑧キス、顔への愛撫

首筋まで愛撫を上げていくと、いよいよキスの開始です。うつぶせになっている女性をこちらに向けて、まず顔からキスをしていきます。この段階で体ごと仰向けにしてもいいでしょう。「キスさせて」と言って寝返りを促してもかまいません。さて、やはりここでもポイントは「じらし」です。いきなり唇にはキスをしない。女性の顔は性感帯の宝庫です。顔中にチュッチュと軽く唇が触れる程度の軽いキスを行います。

まず額、次に口の周辺やあごのラインあたりにソフトなキスをしていきます。他にも瞼、眉間にキスをされるのが好きという女性もいます。小刻みに軽いキスを繰り返しながら移動させていきます。さらに髪の生え際や、髪の上からのキスもよいでしょう。ただし、女性が髪をセットしたままの場合、スタイルが乱れることを嫌がる女性もいます。髪をやさしく撫でてあげる配慮を忘れないようにしましょう。

さらにキスをしながらも片手で顔を撫でてあげる。頬を手で包む、唇を触れるか触れないかのソフトタッチで指でなぞる、といった愛撫も優しさが伝わっていいですね。自分のおでこと女性の額をそっとくっつけてみるというのもムードが盛り上がります。「顔は女の命」なんて言いますが、その顔を男性に触らせるということは、無意識に女性は相手の男性を受け入れる準備をしているのです。

ここまで唇にキスされないことで、女性はじらされ、興奮度が増しているはずです。そこから徐々に唇へのソフトなキス、そして舌を絡めたディープキスに入ります。

初めからベタベタと唾液を絡ませたり、強引に舌を突っ込もうとしては、女性は引いてしまいます。まずは軽く始めましょう。ソフトに女性の唇のやわらかさを楽しんだり、唇を自分の唇で挟んでみたり。舌先で女性の唇をなぞってみるのも新鮮さがあっていいでしょう。徐々に女性も受け入れ態勢になってきます。

口を開いてくれたら舌を入れてもいいという合図です。舌を差し込み、徐々に情熱的なキスへと持ち込みましょう。このときに、唇同士が離れないように口を押しつけ、相手の口を覆います。

また、舌の力は抜き、ソフトで柔らかに舌を差し入れます。女性も応じてきたら相手の舌を吸ったり、舌同士を絡ませていきましょう。キスが上手な男性はセックスも上手なもの。とろけるような熱烈なキスをしてください。

キスをする時のマナーについてお話ししておきましょう。まずこれは当たり前ですが、中高年の方は口臭に注意してください。余裕があるならベッドインの前に歯を磨いたり、食後ならばブレスケアのタブレットやガムを噛みましょう。また、口臭の大きな原因のひとつに虫歯があります。自分で気になっている方は、虫歯治療をしたり、定期的に歯医者さんに通って歯のクリーニングを行うようにしてみてはいかがでしょうか。

また、唇が荒れているのも良くありません。乾燥肌の人など、冬は唇がカサつくこともあるでしょう。そんな時には、まめに薬用リップを塗るように心がけましょう。

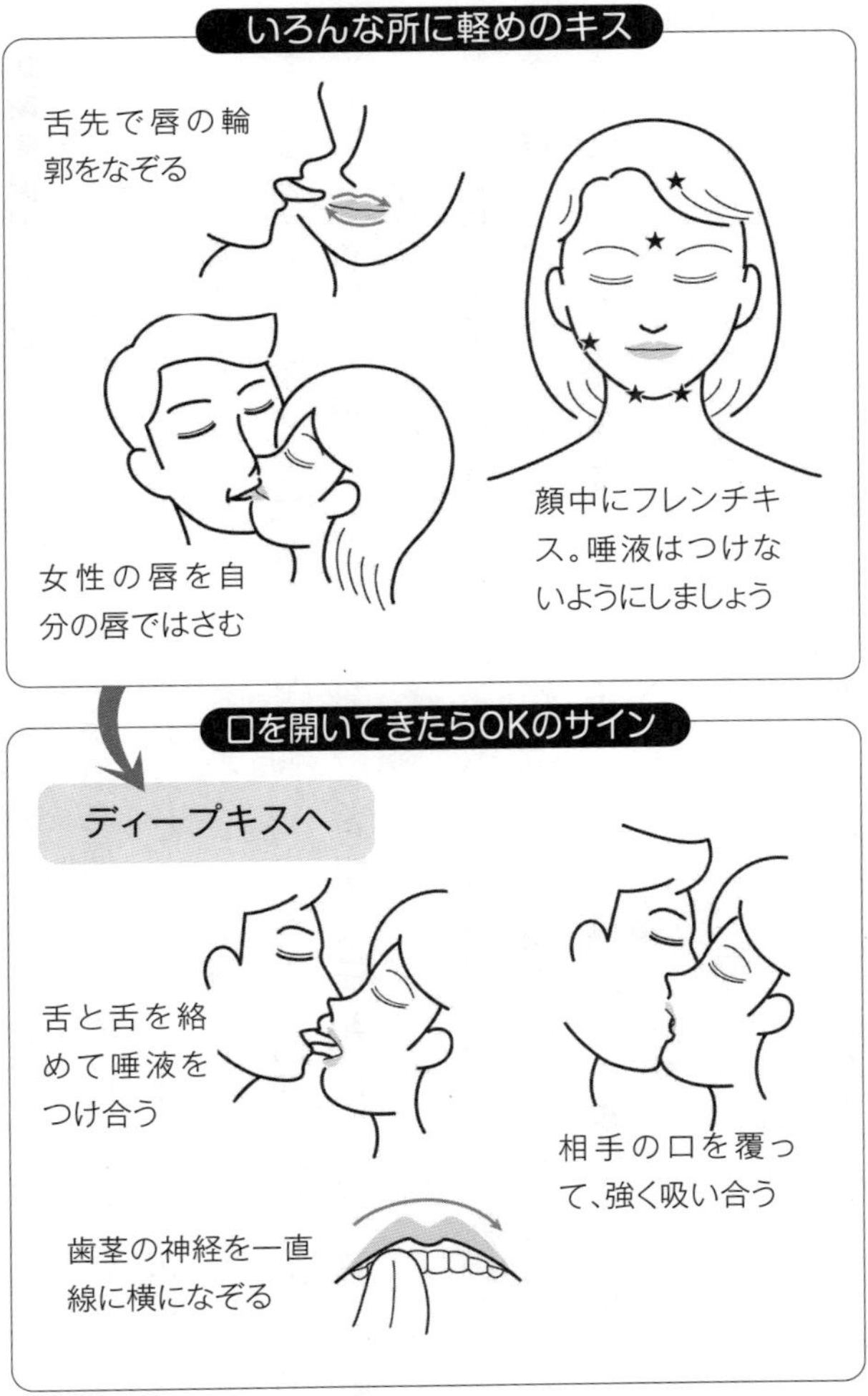
いろんな所に軽めのキス
舌先で唇の輪郭をなぞる
顔中にフレンチキス。唾液はつけないようにしましょう
女性の唇を自分の唇ではさむ
口を開いてきたらOKのサイン
ディープキスへ
舌と舌を絡めて唾液をつけ合う
相手の口を覆って、強く吸い合う
歯茎の神経を一直線に横になぞる

⑨乳房愛撫でじらす

ボディキスをある程度進めたら、胸への愛撫を開始します。このときもキスと同じで、いきなり乳首には触らない。手のひら全体を使ってふくらみを包み込むように、円軌道で愛撫していきます。

手の温かさを伝えるように、外側から内側へ、下から上へ向かって揉み上げていく。敏感な乳首にだんだんと迫りながらも、じらすことで乳首に触れた時の快感をアップさせることになります。

乳房自体は脂肪の塊。胸を触られているという刺激で興奮しますが、乳房自体にはそれほど感覚がありません。期待感を煽る、というのが乳房への愛撫の役割です。

下着をつけている場合はブラジャーの上から優しく触っていきます。よく男性は片手でブラジャーをピュッと外しますが、女性はお気に入りのブラジャーを乱暴に扱われたくないのです。首筋にキスをしながらゆっくり両手で外してあげるのがベターです。

また、胸の小ささにコンプレックスを持っている女性もいます。そんな時には胸

乳房全体への愛撫

乳首への愛撫はじらす

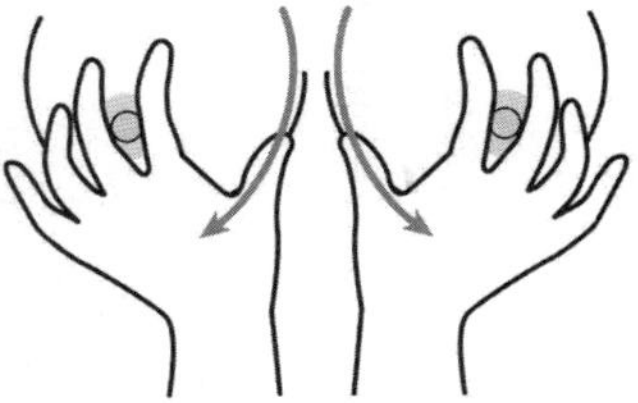

指の間に乳首を挟み、手のひら全体で内回りにこねる(外回りにすると、乳首が離される感じであまり嬉しくない)

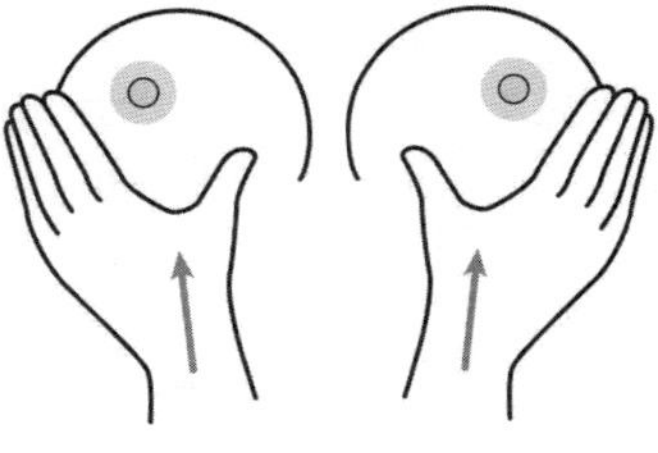

下から上にグイッと寄せ上げる

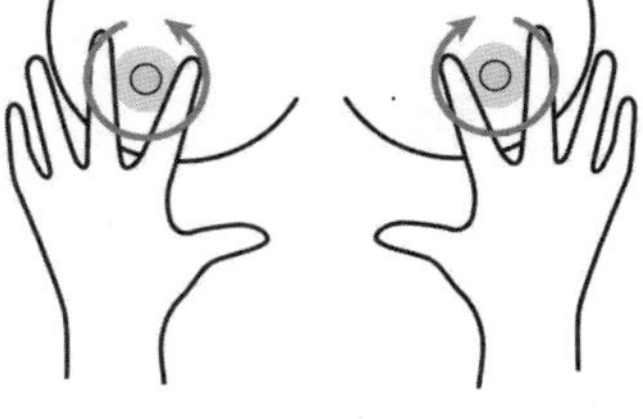

だんだん乳首に指を近づけ、軽く指先に力を入れて乳輪を回す

のふくらみが目立つように寄せあげ、胸が少しでも大きく見えるようにしてあげるといいでしょう。女性はいつでも少しでもきれいに見られたいと思っています。逆に「小さい方が好きだよ」と言ってあげることも大事です。

⑩乳首を刺激する

乳首は「上半身のクリトリス」と呼ばれる位に重要な性感帯。神経が集中していますから、クリトリスに刺激を受けるのと同じくらいの快感を得るという女性もいます。中には乳首への刺激だけでエクスタシーに達してしまう女性もいるほどです。また、乳首への愛撫はそのまま女性器の充血・潤いにつながります。あまり濡れない体質の女性であれば、より時間をかけて攻めましょう。

まずは手での愛撫。乳首はとても敏感な部分ですから、いきなり力いっぱいつねることはやめましょう。ソフトなタッチでさわさわと触る程度で十分に感じることができます。

乳房への愛撫で乳首が勃起してきたら、手のひらで乳首を押す、指で転がす、コリコリとつまむ、ボタンを押すように押し込む、など触り方にはいろいろあります。指をあてて小刻みに動かし、バイブレーションのようにする方法もあります。Mっ気のある女性なら強めにつねったり、ギターの弦のように指で弾くのも効果的です。

感じ方には個人差があるので、どうされるのが好きなのか、反応を見ながら探りましょう。声をあげる、体がのけぞる、声のトーンが変わる、ピクッと体が動くなど、女性はさまざまな信号を発しますから、見逃さないように注意深くなりましょう。100人女性がいれば100通りの好みがあるのです。ですから、「こうされるのがいいの?」「もっと強くした方がいい?」などわからなければ率直に聞いてしまいましょう。ただ単純に、「気持ちいいの?」という聞き方をされると、気持ち良くない場合に女性は答えにくいので、聞き方には注意が必要です。

また、「右と左どっちが感じるの?」という率直な質問もありだと思います。右の乳首と左の乳首では感じ方が違うという女性は結構います。片方だけがすごく気持ちがいい女性もいれば、両方感じる女性もいます。ただ、心臓がある左の方が感じる女性が多いのは事実。感じない方を必死で愛撫するよりも、感じる方を集中的に攻めてあげた方が、ふたりにとってハッピーなことですよね。

次に口を使って乳首を愛撫します。乳首を舌先で舐める、口に含んで吸う、舌で転がす、甘噛みする、舌で乳首を押すなどバリエーションは豊富です。

乳首を吸うときには、赤ちゃんがおっぱいを吸うように、ふたつの乳首を5分ずつ、両方合計で10分くらい乳首を吸ってみてください。ほとんどの男性が、短時間で乳首への愛撫を済ませています。女性の乳首と女性器は繋がっており、乳首をいじることで、女性器も充血し、締まっていくのです。片方を吸いながらももう一方の乳首を手で触るのもお忘れなく。

乳首を吸う強さ、甘噛みには強さの加減が必要です。経験を積んだ女性や出産経験のある女性であれば、強く吸われたり、強めに噛まれた方がよいという人もいます。「もっと強く」と言えずに「弱すぎるなあ」なんて思っている場合もあります。

逆に、まだ開花していない女性であればあまり強くされると不安や恐怖感が先立って「やめてっ」と言われてしまうことも考えられます。

乳首への愛撫

乳首愛撫が上手いと、アソコも締まる!!

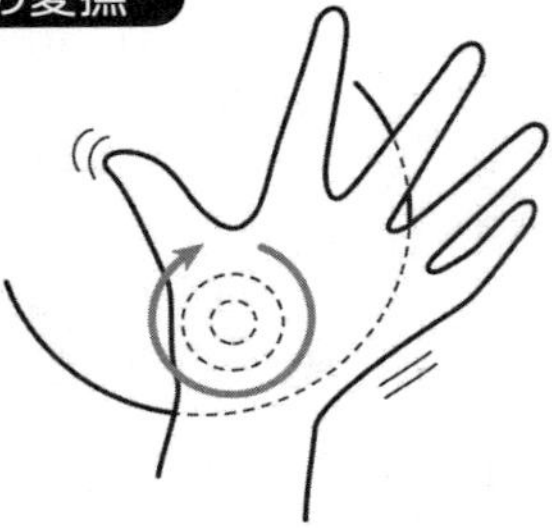

親指の付け根で乳首をコロコロ転がす

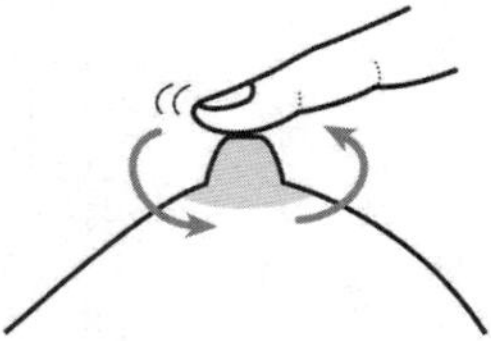

乳首を転がす感じで回転させる

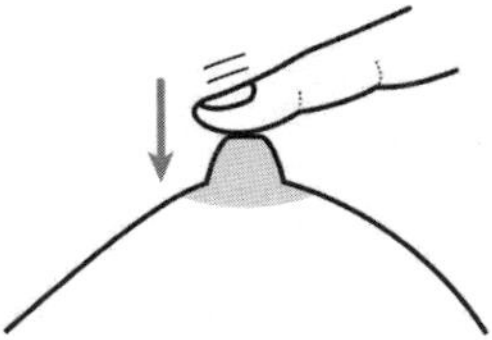

ボタンのようにポチっと押す

Mっ気のある女性には…

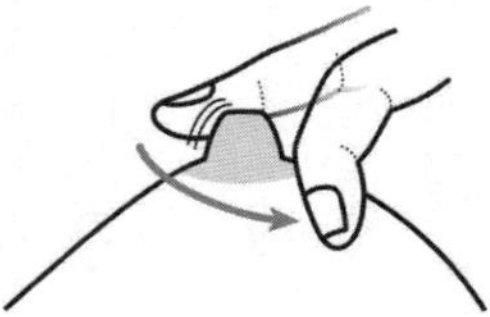

ギターの弦のように軽く弾く

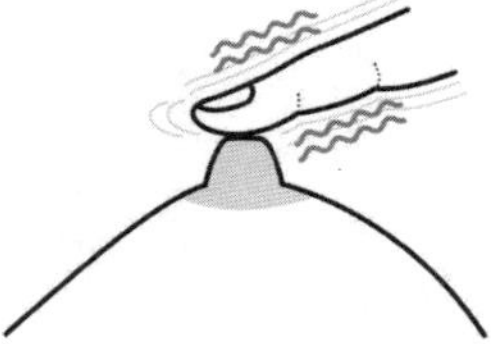

バイブレーション

女性は生理周期で胸の感度が変化します。生理の前には胸が痛くなり、ピンと張って辛いという女性もいます。いつもより刺激に敏感になっているので、乳首を吸う強さも加減しましょう。

これは乳房全体にも言えますが、張っているのがわかるようなら、痛くないように優しく触るのがマナーです。男性は付き合っている女性の生理の周期くらいは把握しておいてほしいものです。もうすぐ生理かな？　と思ったら、「痛くない？　大丈夫？」と聞いてあげてもいいでしょう。

また男性と同じように、エロティックな視覚情報に女性も反応します。乳首をいやらしく舐めながら、その様子を彼女に見せる。乳首をつまんでいる所を見るように促す。女性は恥ずかしいと感じながらも意外に興奮してしまうものです。自分の乳房に夢中なあなたをかわいいと思う女性もいるでしょう。

さらに、視覚にあわせて聴覚にも訴えてみましょう。音を立てて乳首を舐めると興奮する女性もいます。いろいろな要素をうまく使って女性をより満足させる努力をしましょう。

⑪下腹部の扱い方

胸への愛撫を続けながらも、片手は徐々に下へ伸ばしていきます。とはいってもクリトリスやヴァギナを触るのはまだまだ先！　ここからもじらしていきましょう。

まず胸から下に降りると、腹部に手がいきますね。女性はお腹にコンプレックスを抱きがち。ですからお腹を手で愛撫するのは、場合によってはＮＧです。冗談でお腹の肉をつかむようなことをすれば、一気に嫌われる可能性もありますから、絶対にやめましょう。乳首を舐めた口をそのまま下まで、すーっと這わせて腹部を舌で舐めるとよいでしょう。でもやはり脂肪分の多い場所ですから、感覚としては鈍くなりますね。

それから、おへその周りも性感帯で、周辺を舌で刺激されると感じる女性もいます。また、おへその穴自体を攻められるのが好き、という女性もいるようです。その場合は指ではなく、舌先を使って穴を舐めて愛撫します。ただ、唾液が溜まるくらいに舐めまわされたら嫌悪感を感じるので、舌の筋肉を使って一点を攻めるようにしましょう。

腹部からさらに下へ行くといよいよ大事な部分。愛撫の順序は、最終的には女性器へのクンニリングスへと誘われていくので、そろそろクライマックス。ここまできたら、ほとんどの女性はすっかり潤っているのではないでしょうか。でもまだやっぱり焦りは禁物です。

下着を履いた状態なら、まだ脱がせたり、下着の中に手を入れたりしてはいけません。まずはパンティラインからそっとなでる。ここはリンパが流れている部分ですので、敏感な部分です。優しく愛撫することでリンパ管が開き、性器に血液が流れ、興奮を促します。指でさわさわと触る、舌先で愛撫する、唇で撫でるなどの方法で行います。下着を履いている場合は下着に傷を付けない注意も必要です。レースに爪が引っ掛かって破れたりしたら、女性は悲しくなってしまいます。

更に下がって、足の膝部分をそっと触ったりするのもいいでしょう。膝に軽く歯を立てたり、内腿をゆっくりと撫でたりといった刺激を加えながら、一番感じるポイントに向かっていきます。

オトコ遍歴プロファイル④

ドン引きした男

私は昔、東京からわざわざ九州まで、好きな男性に会いに行ったことがあります。本当に好きで好きで会いに行って、そこで結ばれたのですが、そのセックスには本当に幻滅しました。彼は、唾液まみれの口で体中をベロベロとしつこく舐めたんですね。どこもかしこもべたべたにされて本当に興醒め!!　唾液は乾くと匂うこともあり、それを嫌がる女性もいます。特にタバコとお酒の匂いの混じった唾液なんて、たとえ中高年好きの女性だって「オヤジってやだな」なんて思う原因にもなりかねません。あふれ出る唾液も少しセーブするくらいでちょうどいいものです。

3. 女性の性感ツボを読み取る

女性が感じているサイン

男性は自分の快楽に没頭しすぎて、女性の発する声や反応から相手の気持ちを読み取ることをおろそかにしがちです。だから女性のサインを見逃さないことが上手なセックスの第一歩です。

例えば私の場合、イキそうになると足がピンと伸びるようになります。それを見て男性は「あ、イキそうなんだな」とわかって、イキやすい体位に変更してくれるのです。話し方も、女性が「気持ちいい」と普通に話しているうちはまだまだ興奮度が高まっていません。もう何を言っているのかわからなくなれば、それは感じている証拠です。「痛くない?」と聞いて「うん、痛くないよ」なんて普通に答えているうちには、まだまだ愛撫が足りていない証拠。

1000人の男性を見てきて思うのは、声の強弱やメッセージをわかってないということです。「そこ」って言っても、すぐにピンと来てくれない。すぐに違う部分に移ってしまうのです。そして、もう一度同じところに戻って触ることができません。男性が適当に触っていて、偶然性感帯にヒットすることもあります。でもそれに気づかずにすぐ移動させてしまう。これは本当にもどかしいし、そこに集中できないので残念です。

本当は女性が「ここよ!」と主張できればいいのですが、それもあまりできないものです。だから、男性はとにかく自分のことは後に置いておいて、「あ、息を潜めているな」「目が潤んできたな」と、探偵のように女性の声や表情を読み取ってほしいですね。

そして、どこがポイントかわかったら、そこを徹底的に攻める。声や表情、体がぴくんとする所などをちゃんと見てあげ、相手のことを考えられる、真に大人な男性へと変身してほしいと思います。

それからベッドに連れ込む前、まだデート段階での女性のサインについても見逃さないようにしましょう。要するに、ホテルに誘ってＯＫかどうか、というところですね。これは雰囲気でわかります。女性だってわざわざ嫌いな人と食事なんかしませんから、あとは雰囲気次第です。

露出が高めの服なら、それはやっぱり多少はエッチな目で見られたいと思っているわけですし、声のトーンでもわかると思います。会話の内容でも、「明日は朝早いの」なんて言うなら、それとなく釘を刺されているわけです。男性から「今日は帰らなくていいんでしょ?」とさらっと聞いて、反応を見るのも手ですね。OKサインを見逃すようでは、男として失格です。よく相手を観察すること、そして相手のことを考えることは、ベッドに入る前から大事なことです。

痛がるサインを勘違いしない

女性が痛いという時は、本当に我慢できないときです。普通は相手の反応を恐れて、女性は痛くても限界まで我慢します。ですから、痛いという時には、「本当に痛いんだ」ということを理解してほしいのです。それを勘違いして、「痛いといっているが、M的な気分で盛り上がるだろう」なんて思っているようでは女性の気持ちはどんどん離れて行ってしまいます。

ＡＶの影響で、お尻をスパンキングしたり髪を引っ張ったりというような、間違った愛撫をする男性もいます。セックスの回数を重ねて、女性側にＭっ気があることがわかった後、相談しながらそういったプレイをするのもいいですが、普通の女性は乱暴にされることは好きではありません。激しいピストン運動をしたときなどでも、女性が痛がっているのに「俺のモノがデカイからかな」なんて冗談ぽく捉えている若い男性もいます。

でも中高年になったからには、今までの誤解でできあがった愛撫は卒業して、女性を大事にして優しくリードしましょう。

性感帯探しは忍耐力と集中力！

女性との初回のセックスでは、全行程に2時間はかけて、相手の感じるツボを探ってほしいです。女性の表情や反応を見る、聞き出す、といったことです。

2度目以降は、感じないところを愛撫する必要はないですから、少し時間は短くしてもOK。そして3回目には、その女性のツボをほぼ把握してほしいものです。とにかく初回は、相手がどういう体を持っているのかもわからない手探り状態ですから、反応が悪くても相性の不一致と思わず、忍耐力と相手の反応への集中力を持って臨んで下さい。

また、性感帯探しは、ベッドの外でもできます。例えば、乳首への愛撫でも書きましたが、女性は乳首の左右によって感じ方が違います。そのあたりも、例えば一緒にお酒を飲んで食事をしているときに、さらっと聞いてみるのも手です。

「この間、女友達が『左しか感じない』って言っていて驚いたんだけど、女性ってそういうものなの?」

「君はどうなの?」

という具合です。お酒が入ってちょっとセクシーな気分になっていれば、女性はそんな会話自体に興奮を覚えるものです。

避妊に対するマナー

マナーとして避妊に協力するのも大人の男性としては当然の配慮です。もちろん子供を望んでいるご夫婦には必要ありませんが、そうではない女性のほとんどは、少なくともフィニッシュの時には、コンドームをつけてほしいと思っています。できれば愛撫の時から準備しましょう。

とにかく、女性は妊娠するのがなによりも怖いのです。でも女の口から「コンドームつけて」とは言いにくいものです。挿入が始まってしまったらなおさらの事です。

本当は挿入を始める時からしっかりつけるのが思いやり。相手のことを思うなら、初めからつけてあげることです。

妊娠したら責任とるよ、と言う男性に限って、いざというとき「俺の子?」なんてセリフを吐くものですよ（笑）。女性のことを真に愛しているのなら、予定のない妊娠は避ける努力をすべきです。

《食事中からあなたの前戯は始まっている》

豪快な食欲が魅力的に映る

食事は性欲同様、本能むき出しの行動です。ですから、食事のときにリズムが合わない異性とは、夜も合わないことが多々あります。デートで食事をしている時、女性は無意識に男性の食事の仕方から、エッチな事を想像している可能性があります。例えば、お皿の横にピーマンとか嫌いなものをよけていたりすると幻滅してしまいます。好き嫌いが激しい男には、何かせせこましい印象を持ってしまうのです。それよりたっぷりガツガツ食べる男性のほうがセクシーです。

もちろん豪快に食べることと汚く食べることとは違います。おいしそうにたっぷり食べる男に女性は本能的に惹かれるものです。男性的な生命力にDNAがさわさわしても、コレ嫌い、アレ嫌いという男性は、まったく魅力を感じません。「こんな男の子孫を産めない」「家族を守ってくれない」って思ってしまう。女は本能的に、何かのおりに、自分と子供をちゃんと守ってくれるかということを感じてしまうものです。

別にナイフとフォークでお行儀よく食べるのが大事なんじゃないんです。出されたものをキレイに「おいしいね～」「これ何で出来てるんだろう」と、興味を持って食べることが大切。

例えばスペアリブが出てきたら、両手で持ってガツガツ食べ、油のついた手を舐めてる姿を見て官能的な気分になっちゃったりするんです（笑）。

こんな自然な豪快さに女性は惹かれます。ナイフとフォークでキレイに食べることより、時には手づかみで食べるくらいの豪快さが魅力的なのです。

初デートではコース料理を頼まない

デートで何をオーダーするかも重要なポイントですよね。ここで、「初めてのデートで、コース料理を選ぶのはやめた方がいい」と言ったらどう思いますか？　これには理由があります。

例えばそのお店に、1万円のコース、8000円のコース、5000円のコースがあるとします。男性が5000円のコースを選んでしまうと、女性はそれ以上の金額のものを頼めないし、「自分の価値が5000円!?」と思ってしまうのです。コースの値段が自分の価値のように思ってしまいます。

また、コース料理はオーダーに悩む必要がなく、比較的楽ですよね。しかし、あえて相手の好みを探りながら料理を選ぶことで、リードされている意識を女性にもたせることができ、好きなものを選ばせてあげる余裕も醸し出せるのです。

とにかくエスコート上手になるためには、安くても美味しい店をいっぱいリサーチしなきゃだめ。女のコは食べることが大好きだから、美味しいレストランを知っている男性とはデートをしたがるのです。

落としたい女性がいるなら、まずは美味しいところに連れて行きましょう。

第4章

性器愛撫と三所《みところ》攻め

1. 女性の快感とクリトリス

多くの女性はクリトリス刺激で頂点に達する

本来女性が一番快感を得ることができるのは、ヴァギナではなく、クリトリスです。女性の本音を聞けば、挿入でオーガズムを迎えたことのない人の方が多いのです。赤ちゃんが通ってくるわけですから、そもそも女性の膣は出産にも耐えられるように頑丈にできています。だからこそ、女性の絶頂はクリトリス愛撫にかかっているのです。

女性がセルフプレジャーをするときにも、ヴァギナに何かを入れるよりも、クリトリスをこするだけで絶頂に達する女性が多いのです。男性はクリトリスの大事さを理解して、時間をかけて攻めてほしい。クリトリスをとことん刺激しておけば、挿入の瞬間に絶頂を迎えるという女性もいます。

女性のクリトリスが染色体の作られる過程で発生したのが男性のペニスです。基本的に同じ器官から発達したものですが、クリトリスの感度は男性の亀頭とは比べ物になりません。ものすごく敏感な部分で、男性の10倍以上感じるという人もいれば、逆に少し触っただけで痛がる未開発な人もいます。

クリトリスが大きくなっていれば女性は快感を覚え、逆に変化しなかったりひるむ様子を見せるようなら、痛い、もしくはあまりクリトリス愛撫が好きではないと思ってください。

女性に絶頂を感じさせたいならクリトリス、という原則を忘れないで、優しくかつしつこく攻めてほしい部分です。

クリトリス構造詳細

クリトリスは、尿道口のすぐ上あたり、小陰唇が合わさる部分に位置します。よく尿道と間違えられますが、次ページの（図4）を見ていただくとわかるように別の場所に位置します。男性器と同じく海綿体でできており、付け根部分（陰核体）と、亀頭部分（陰核亀頭）とにわかれます。付け根部分のほとんどは体内に入っており、亀頭部分は皮につつまれています。

　興奮すると男性器同様勃起をし、だいたい3倍~5倍の大きさに変化するといわれています。勃起することで本体が皮を押して出てくるわけです。また、体内に埋まっていますが、陰核体は左右に陰核脚《いんかくきゃく》と呼ばれる土台に支えられています。

　体外に出ている部分、要は通常クリトリスと呼んでいる突起部分のサイズは、平均でマッチ棒の頭くらいの大きさです。まだ開発されていない女性は見えないくらい小さい人もいますが、反対に幼児のペニスくらい大きなクリトリスを持

女性器の構造

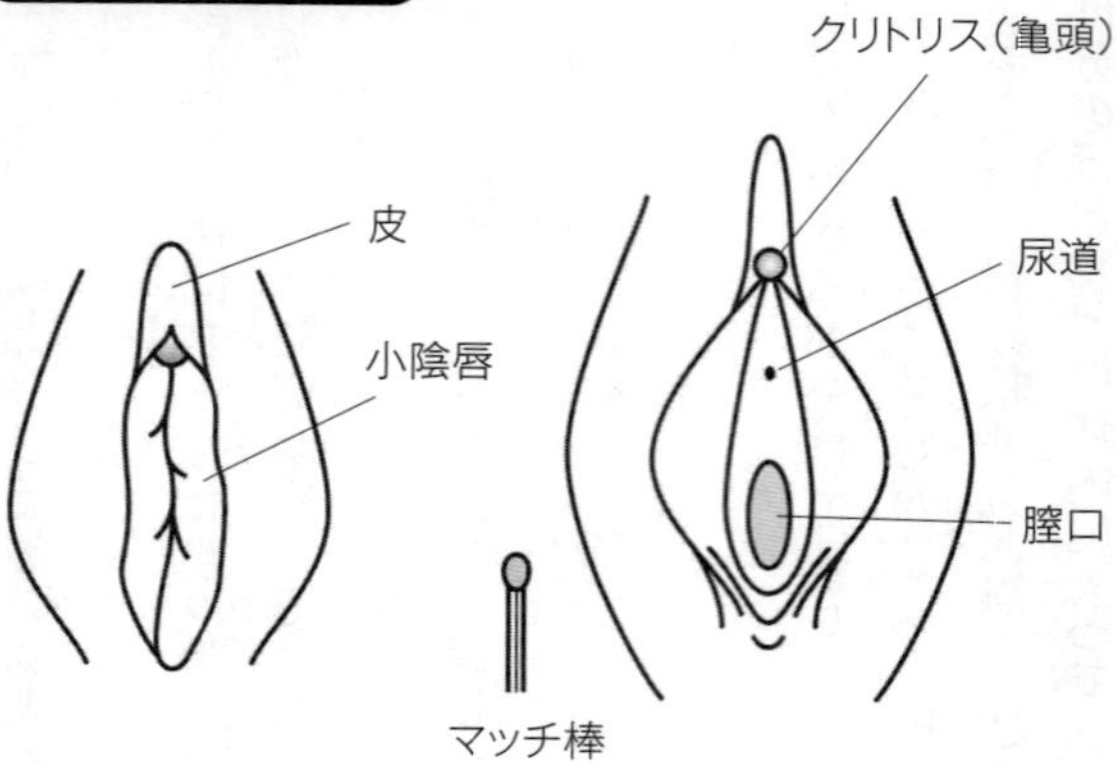

（図5）　（図4）

つ女性もいて、そういう女性は感じやすいと言われています。

大きさの変化をよく見ると女性の興奮度を知ることができるでしょう。人によって様々ですが、興奮の度合いにより色が変化することもあります。

クリトリスを包皮から出す

女性のクリトリスは、(図5)にあるようにクリトリス包皮と呼ばれる皮に包まれています。これは男性の多くが仮性包茎であることと同じようなもので、普段は皮の中にあり、興奮すると勃起して外に出てきます。中には初めからクリトリスが露出しているような発達した女性もいますが、多くの女性の場合、普段は皮に包まれて隠れています。

そして男性は、ほとんどの人がこの皮の上からだけクリトリスを愛撫しています。もちろん皮の上からの刺激でも気持ちがいいものですが、直に触られた時よりも当然快感は低い。クリトリスを愛撫されたことのある女性でも、その皮の上からしか触られたことのないケースが多く、それではクリトリスの本当の魅力がわからないままになってしまいます。女性側にとっても、それはとてももったいないことです。

愛撫の初めは皮の上からで構いませんが、だんだんとクリトリスが大きくなってきたら皮をむいて直接触りましょう。片手を下に向けてピースを作るようにしてクリトリス周辺の皮をおへそ側にひっぱります。これでクリトリスが外側に出てきます。

このとき女性の股を大きく開いてあげると、女性の淫らな気持ちも高まります。舐めるときにも皮をむいてあげて、出てきたクリトリスを舌や唇で愛撫します。

ただし女性の中には、クリトリスが未開発すぎて、非常に小さい人もいます。誰からも触られていないと開発されないのです。

今まで全く触れられたことのない場合、皮をむくこと自体痛がる人もいます。男性の真性包茎のようなものです。包み込む皮が固くなって、クリトリスが退化してしまっているので、なかなか難しいかもしれません。その場合は、他の部分への愛撫に切り替えましょう。

女性のクリトリスも皮をかぶったままであるために、男性の真性包茎のような弊害もおきる可能性があります。男性器にカスが溜まってしまうように、女性器も恥垢《ちこう》（陰茎や陰唇などのひだの間に溜まる垢）が溜まることもあり、衛生的ではありません。

本当は女性が自分で触ったり見たりするようになればいいと思いますが、男性がオイルなどをつけて優しく触ってあげることで、徐々に開発されていきます。

下に向けてピースをし、おへその方向に軽くひっぱる

慣れてきたら人さし指で

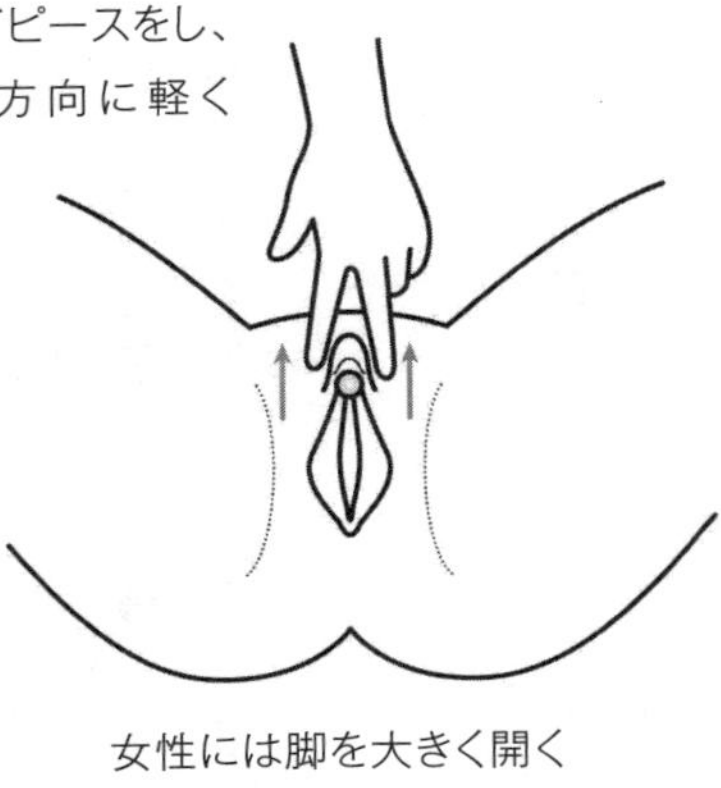

女性には脚を大きく開くように促しましょう

クリトリス愛撫実践

①パンティの上から手探りで

まず下着の上から、クリトリスの位置を探りながら手のひらで触っていきます。手を広げ、第二間接あたりを恥骨部に当て、小刻みに振動させます。女性が興奮して、もうパンティを脱がしてほしいと思うまで、上から全体的に触ります。大事な場所へ向かうための前触れという感じ。パンティにじっとりと愛液がシミを作るくらいまで続けるとよいです。

次に、下着をつけたまま舌で愛撫をします。いきなりクリトリスではなく、その周辺部分を舐めてじらしましょう。「どうして一番感じるところを刺激してくれないの！」と思わせることが理想です。

②女性の足元に移動し、下着を脱がす

下着は、両手を使ってゆっくりと脱がせます。後で下着が見つからなくなって探しまわる姿は、中年の男性にとって情けないです。脱がせたものは軽く畳んできち

んと枕の下にしまうなど、余裕をもった行動をしましょう。

よくＡＶのように、パンティを足首のところに丸めて付けておく人がいますね。でも女性ははっきり言って邪魔に感じています。下着も傷みますからきちんと脱がすのがベター。女性の足元に移動して、丁寧に脱がせてあげましょう。

下半身をあらわにすることで、女性はちょっと不安なような恥ずかしいような、無防備な気分になるので、あまり勢いよく脱がせるのではなく徐々に脱がせる感じでよいでしょう。

③クリトリス愛撫とクンニリングス

いよいよ、クリトリスへの愛撫を開始します。まずは皮の上からクリトリスを刺激しはじめましょう。指で撫でるようにしたり、親指と人さし指をクリトリスの左右に当て、包皮の上からつまんでみます。クリトリスの付け根部分に圧力をかけるのも刺激的です。

感じてくると、女性のクリトリスも男性器のように勃起をしてきます。そうなったら、いよいよ皮をむいて直接触る時です。

本格的に女性器を攻める際には、女性の腰の下に枕を入れてあげるとやりやすくなります。柔らかい枕ならふたつくらい、固いものならひとつ。女性の腰の位置を高くすることで男性も舐めやすくなり、女性も快感を得やすくなります。ベッドの上に女性を腰掛けさせ、男性がベッドの下からクンニリングスをするのも楽な姿勢です。

皮をむいた後の指でのクリトリスへの愛撫は、まず円を描くように指を動かします。または下から上へ撫で上げるようにします。舐めるときにも、舌で円を描くように刺激します。クリトリスを上下に舐めるときは、包皮がめくれることによって刺激が大きくなりますし、舌をあてたまま、頭を小さく振って、バイブレーション効果を出すのもいいでしょう。

また、唇でクリトリス周辺を覆い、突起を吸引するのも効果的です。このとき、腕で女性の腰を抱くのもいいでしょう。わざと音を立ててチュパチュパと吸うのも女性の興奮を煽ります。

舌で体を愛撫するときには、唾液をべとべとつけるのはＮＧですが、下半身だけは別です。唾液をたくさん出して獣のように舐めてかまいません。下半身が渇いていては痛みを与えます。

強いのと激しいのは違います。強くする必要はありませんが、犬が餌を食べるように激しくイヤらしく舐めてあげてほしいものです。

クリトリスへの愛撫

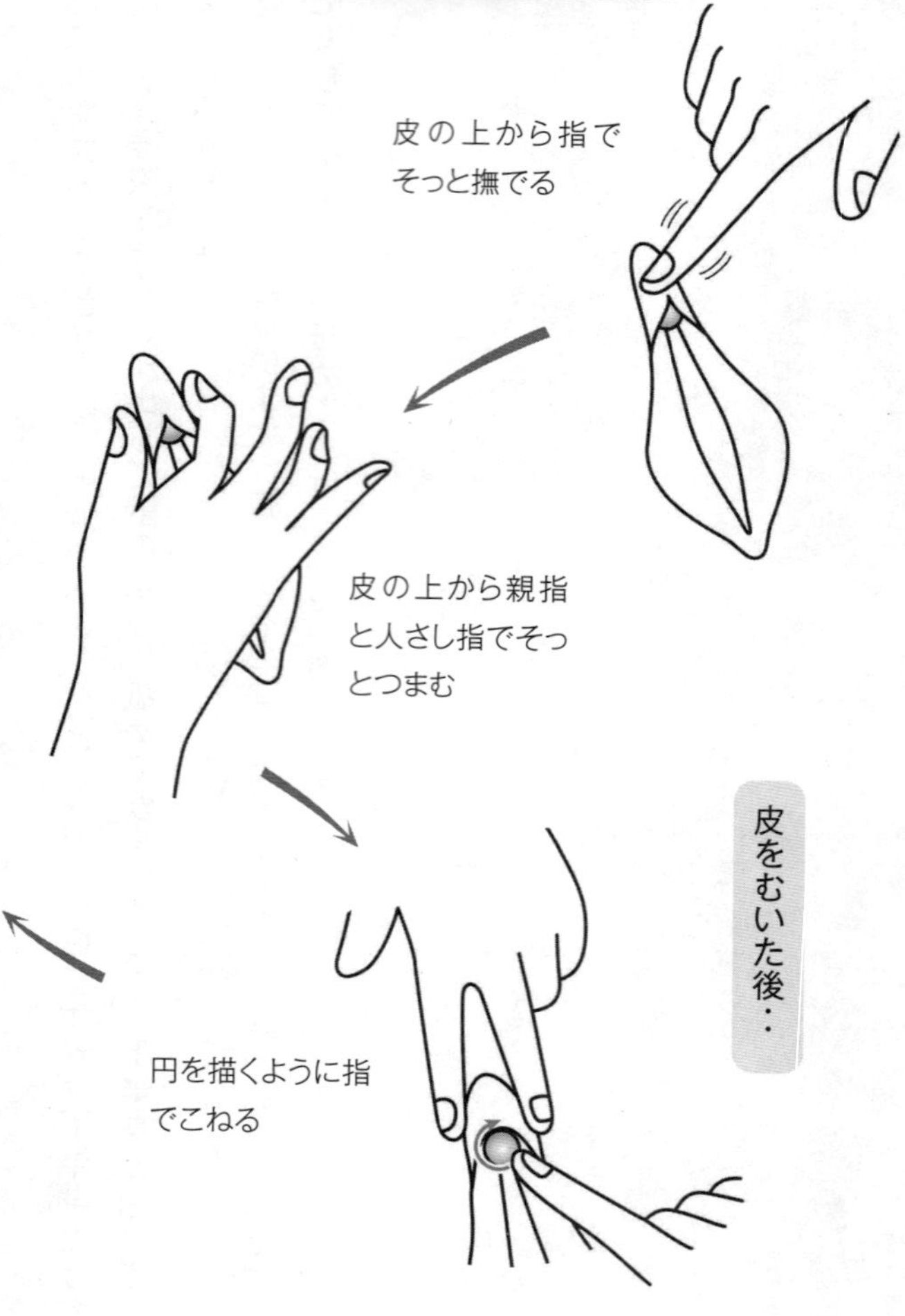
皮の上から指でそっと撫でる
皮の上から親指と人さし指でそっとつまむ
皮をむいた後・・
円を描くように指でこねる

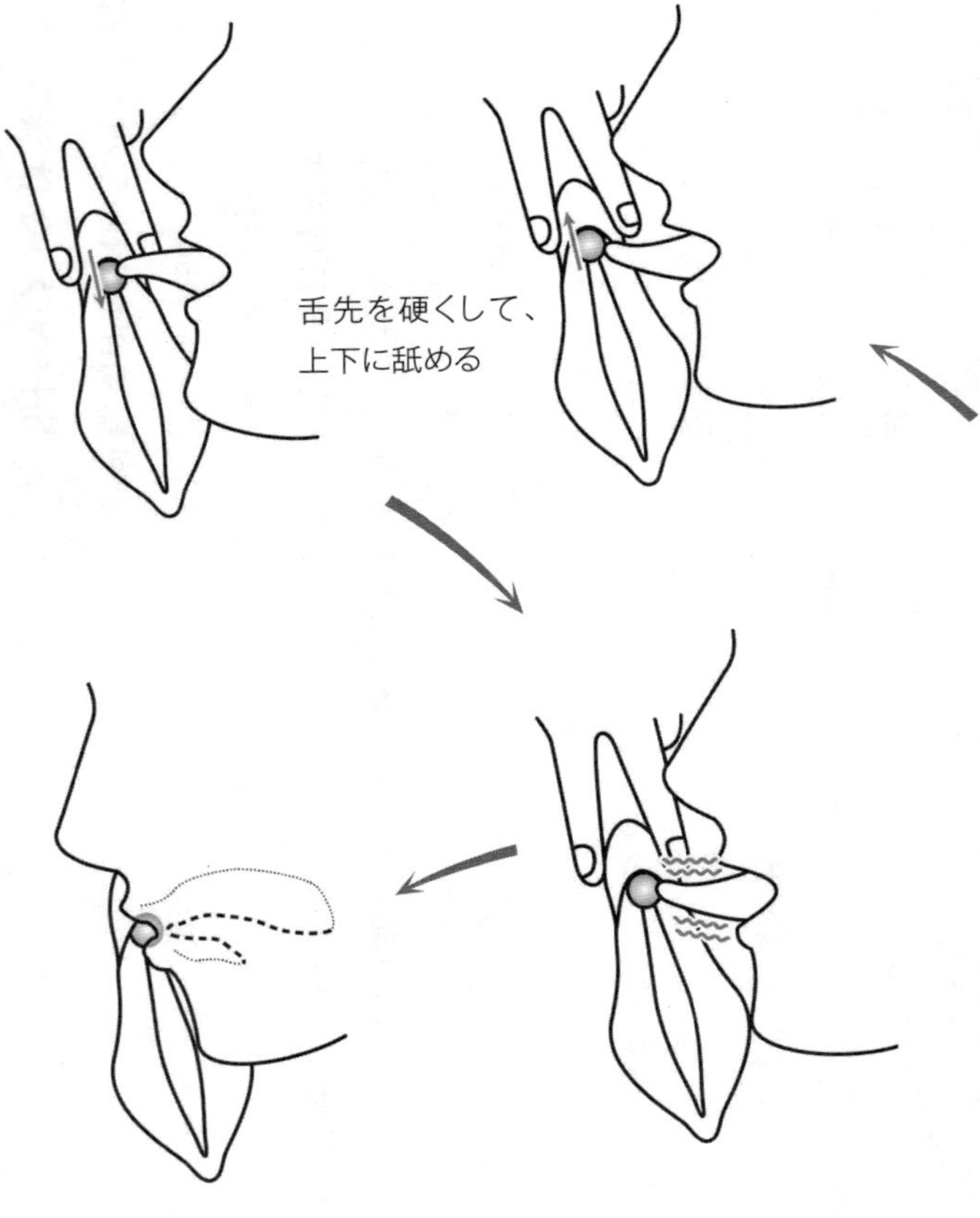

音をたてながらクリトリスを吸引する(口の中では舌先で刺激する)

クリトリスの中央に焦点を当て、バイブレーション

お互いに濡れあうひと工夫
常に濡れていることを意識する

クリトリスは、あの小さな突起の中にとてもたくさんの神経が集まっている器官です。女性がどのくらいクリトリスへの刺激に慣れているか、という個人差にもよりますが、基本的に強く触るのはNGです。クリトリスが包茎状態の場合は特に、触られても痛みを感じてしまいます。せっかく触っても痛がられてしまったら悲しいですし、女性も言えずに我慢していたらかわいそうですよね。

ですから、まずクリトリスを触れるときには、指は必ず濡れた状態にして、絶対に乾いた指で触らないこと。女性が十分濡れているなら、その愛液を指とクリトリスに撫でつけるようにします。指もクリトリスもぬるぬるとさせることで、タッチが滑らかになり、女性の痛みが緩和されます。

あまり濡れない女性ならば、クンニリングスで濡れた舌や口全体の唾液で潤わせてから触りましょう。お互いに気まずい思いをしないように、男性側がうまく気配りをしてあげてほしいですね。

バージンオイルを使った愛撫

繰り返しますが、クリトリスは敏感な部分ですから、乾いたままの愛撫は絶対に避けたいところです。膣口からの愛液で湿らせることができますが、体質によって愛液の量も異なり、全ての女性が必要なだけの愛液を分泌できるとは限りません。

そんなときには、補助用にオイルを使ってみましょう。ローションだとすぐに乾いてしまいますが、オイルは蒸発して乾くこともありませんし、肌にしっとり感を与える効果もあります。

オススメはオリーブオイル。植物性のピュアなバージンオイルが最適です。私は、セルフプレジャーの時にもバージンオイルを使います。指先にオイルを垂らして、その指でクリトリスを刺激するのです。女性はメイク落としやスキンケアにもよく使うので、肌につけるものとして以前ほど抵抗を感じなくなっています。小さなボトルに小分けして携帯しておくと便利です。

量は愛撫するのに必要な分だけ指先につけます。足りなくなったら後から追加していけばいいので、初めから大量につける必要はありません。クリトリスの皮を上

オイル×クリトリス

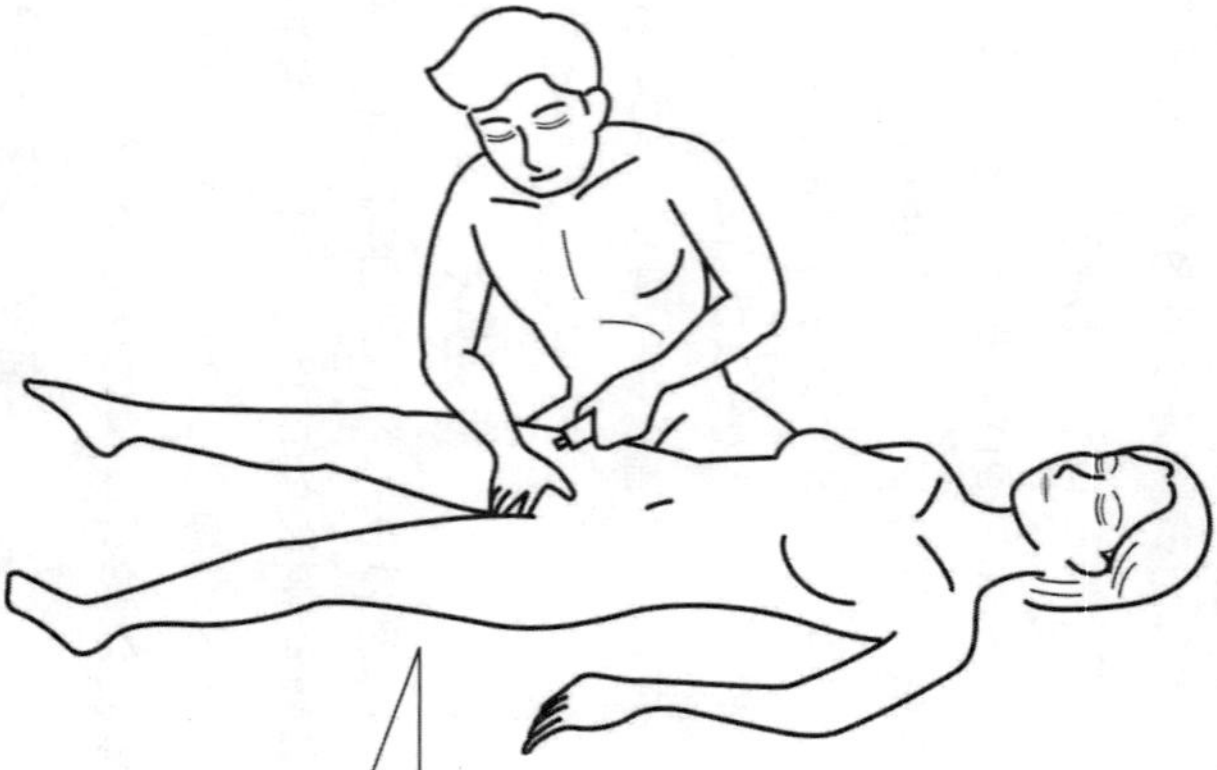

オリーブオイルを直接クリトリスに数的たらす。もしくは指先につけてのばす

手くむいたあとで、数滴直接垂らしてもかまいません。また、性器への愛撫以外にも、背中に少量垂らしてマッサージオイルとして使っても、女性は喜ぶはずです。

ペニスを使ったクリトリス愛撫

愛撫が中盤にさしかかっても、ペニスがなかなか勃起しない。そんな男性側の悩みにはペニスを使ったクリトリス愛撫が効果的です。

まず、膣口を亀頭でさするようにして男性器を愛液で濡らします。ぬるぬるとお互いの感覚を楽しみましょう。

次に、尿道部分でクリトリスを包むようにして動かしてみましょう。クリトリスの構造でも述べたように、ペニスとクリトリスは同じ器官から発生したものなので、尿道の穴とクリトリスはサイズがちょうど合います。ペニスはガマン汁で湿っていますし、指よりも滑らかで柔らかい感触を与えます。神経の集まったクリトリス愛撫には適した部分です。

また、入りそうなのに入らない、といううじらし効果もあって、この愛撫方法が好きな女性も多いのです。お互いが相手の興奮度を高められるので、勃ちに自信のない男性は、この方法をじっくりと5分くらい続けてみましょう。

ペニスを使った愛撫というと、ペチペチと顔を打ったり、女性器以外の部分を叩く男性がいます。女性を興奮させるのによいと思っているかもしれませんが、これはAVの見すぎです。もちろん女性側がそれを望むなら言うことはありませんが、こういった行為には女性への敬意が感じられないと思います。

なにより愛撫とはお互いが気持ちよくなり、ひとつになるための儀式です。そのことを忘れないでほしいと思います。

ペニス×クリトリス

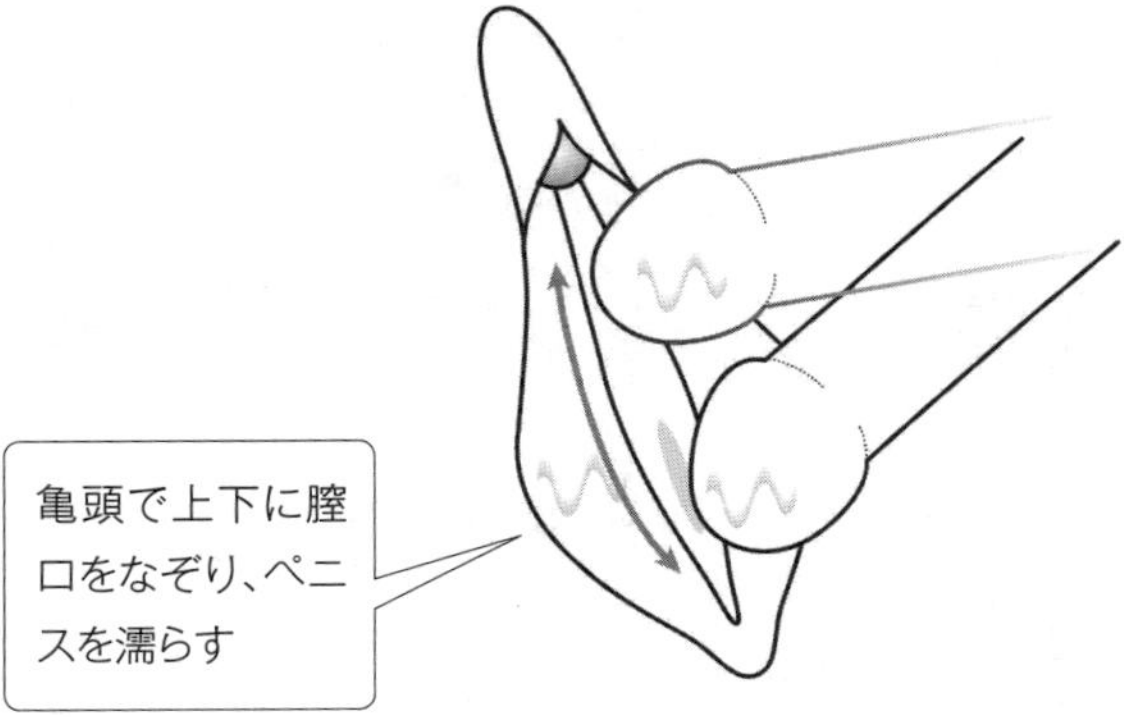
亀頭で上下に膣口をなぞり、ペニスを濡らす

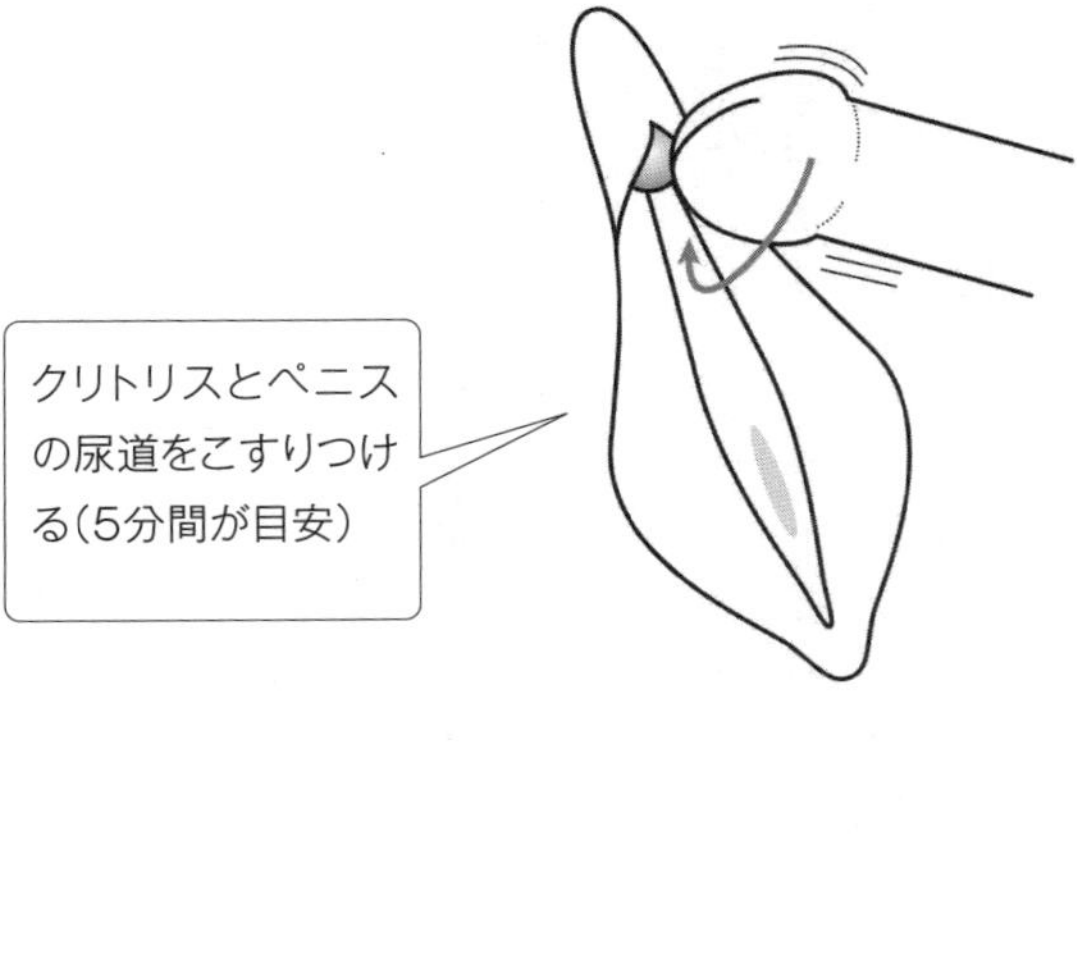
クリトリスとペニスの尿道をこすりつける(5分間が目安)

2. ヴァギナ愛撫

入り口2センチの法則

セックスの挿入時に、奥に入れさえすれば女性が感じるというのは間違いです。それよりも、もっと入口に近い部分、せいぜい2センチくらいの深さまでが性感帯なのです。男性はよく、膣の奥まで届く大きなペニスが理想と思っていますが、実は膣口付近で女性は感じているのです。だから本当は大きさなんてそれほど関係ありません。もちろん子宮口をペニスで押されると心地よい圧迫感がありますが、それが性的快感につながるわけではないのです。ここは男性が大きく勘違いしている部分だと思います。性感覚があるのは入り口だけ。ところが男は奥までガンガンついてきて、女性は生理中みたいに痛くなってしまうのです。

挿入だけでなく、指や舌を使って女性器を愛撫するときにもこの2センチの法則が使えます。指は浅めに挿入して出し入れする、舌を入れるといったことで性感ゾーンを刺激してあげましょう。

指使いは繊細に

女性器に指を入れるときに、3本も4本も入れようとする男性がいますね。でも指はそう何本も入れる必要はありません。ペニスは大きい方がいいと考えるように、指もたくさん入れるのがよいと思っているのかもしれませんが、そもそも指と性器は違います。後でペニスを挿入するのですから、わざわざ指を何本も入れて膣口を広げてしまう必要はありません。指は1本もしくは2本で十分。出産経験のある女性でも3本で十分だと思います。

また、これは当然ですが、伸びた爪で膣の中を触るのは絶対にやめてほしいものです。クリトリスにせよ膣内にせよ、愛撫の鉄則として爪は絶対に短くカットしておくこと。切った後は毎日やすりをかけるくらいのこまめさを持ってほしい。あまり何度も痛いと感じることが続くと、女性はあなたとのセックス自体を痛いこと、嫌なことだと思うようになってしまいます。

そして、いくら爪をきちんと短くしていても、膣内に指を入れて力任せに動かす行為は、女性には痛いと感じるだけです。ＡＶの影響なのか、ただ激しく指を出し入れすれば女性は気持ちよいものだという誤解があるようです。指使いは繊細に、小刻みに動かすことが第一です。

Ｇスポットの仕組みと愛撫

「潮を吹かせるテクニック」として有名なＧスポット。Ｇスポットとは、膣の前側にあたる壁面の一部を指し、恥骨と膀胱の下あたりに位置します。中指を第2関節くらいまで入れて、指をカギ状に曲げます。ざらざらとした感覚があるコイン程度の範囲が一般的にＧスポットと呼ばれています。

私個人的には、Ｇスポットは女性全員にあるとは限らないような感じがします。ここもクリトリスと同様、個人によって開発具合に差があるようです。ただ、膣の入口近辺は、女性の性感帯ですから、指を入れて刺激してあげるのはどんな女性にとっても有効。Ｇスポットと思われる部分が見つかったら、ゆっくりと刺激を加えていきましょう。強く出し入れするというよりも、押して圧迫するような感じです。

Gスポットのすぐ裏には膀胱があります。この膀胱の膨らみを指の腹で押すような感覚です。女性は膀胱が圧迫されて、おしっこがでそうになって気持ちがよいのです。圧迫して女性が盛り上がってきたようなら、徐々に指を振動させてみたり、円を描くようにかき回したりします。この際膣内に入れるのは人差し指と中指の2本、もしくは中指だけ。親指で同時にクリトリスを刺激してあげるのも効果的です。

よくギュウギュウ強く壁をえぐるようにして指を入れる人がいますが、ただ痛いだけですし怪我もしかねませんから、くれぐれも乱暴にはしないように。

女性の潮吹きは、男性のやり方もありますが、やはり体質的なことも大きいと思います。大量に出る人もいれば、未経験の女性も多い。潮を吹きそうになっても、若い女性はおしっこを漏らしそうな感覚に恥ずかしさを覚えて、我慢することもあります。

また、これも男性が誤解していると思いますが、潮を吹けばオーガズムに達しているかというと、必ずしもそうではありません。液体が出るというのはあくまでも生理現象。頂点に達するのと同時に潮を吹くこともももちろんありますし、それにある種の解放感・快感を覚えるのも事実です。でも潮を吹くか否かは、本来はそれほど重要ではなく、付属的な現象だと考えましょう。

女性への協力の促し方

奥さんやパートナーがフェラチオをしてくれない、といった悩みも、セクシャルアカデミーの生徒さんからよく聞きます。女性に積極性を求めるなら、自分も努力して相手を気持ちよくさせてあげなくてはいけません。自分はマグロ状態でフェラチオを要求しても、女性は嫌がります。相手に尽くしていることが伝われば、女性の方からもよくしてあげたいと思うものです。

フェラチオに慣れていない若い女性の場合は、うまく誘導してあげるといいですね。女性だってフェラチオが上手だねって言われた方が嬉しいものです。

入り口2センチ

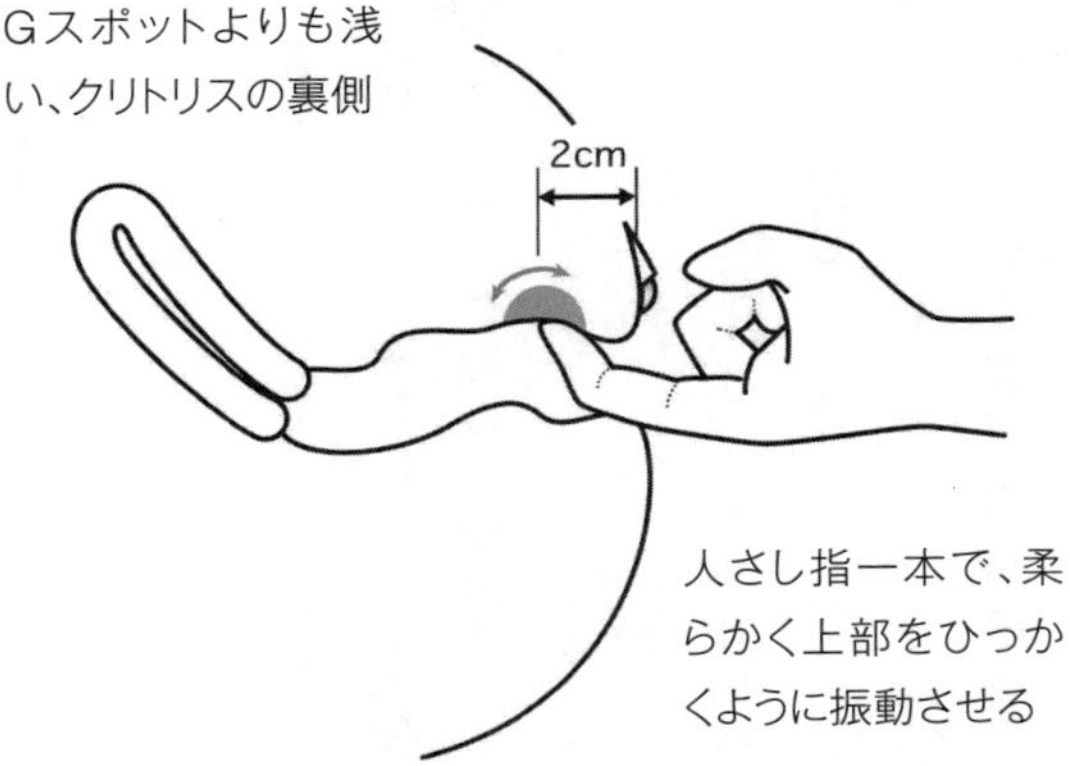
Gスポットよりも浅い、クリトリスの裏側
2cm
人さし指一本で、柔らかく上部をひっかくように振動させる

Gスポット

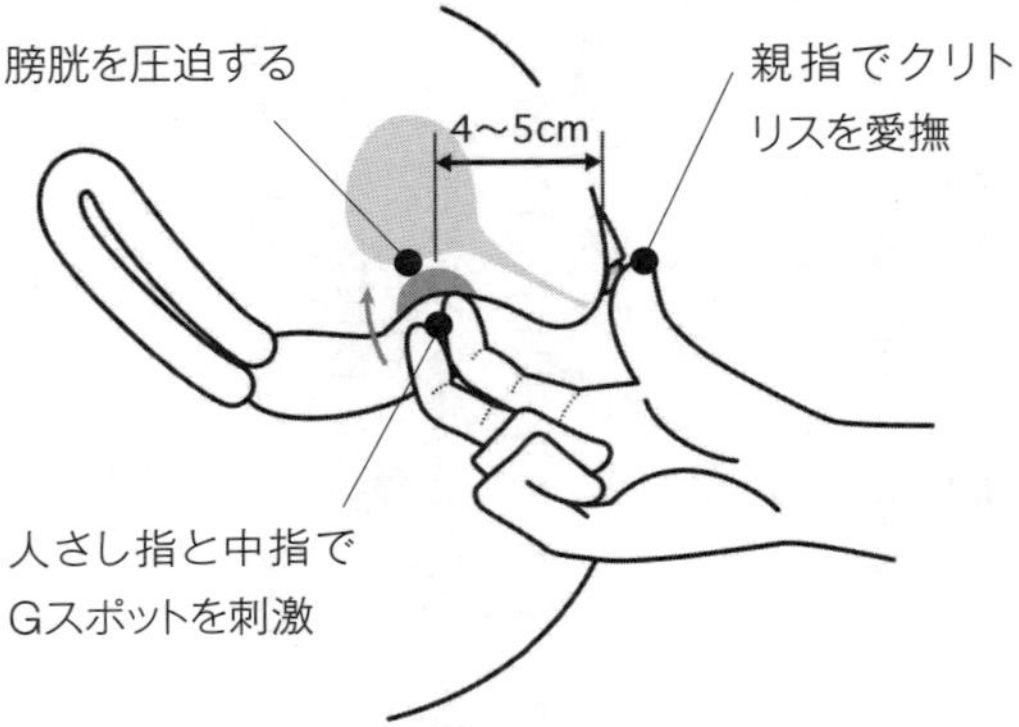
膀胱を圧迫する
4〜5cm
親指でクリトリスを愛撫
人さし指と中指でGスポットを刺激

3. 三所《みところ》攻め

1／1000の究極の三所《みところ》攻め

さまざまな愛撫のテクニックやコツをご紹介してきましたが、ここで、あなたも1000人にひとりの男性になれる究極のテクニックをご紹介します。

通称「三所攻め」と呼ばれる方法です。このテクニックをマスターすれば、あなたも女性から「ここまでしてくれる人はいなかった」「こんなに上手な男性は手放したくない」と感じてもらえることでしょう。

「三所攻め」の語源はもともと、相撲の決まり手から来ていると言われています。どんな技かと言うと、片足をひっかけ、もう片足を手ですくい、さらに頭で押して相手を倒すという決まり手です。要は体の3ヵ所を同時に攻撃することです。ですからこの技から名前を取った夜の三所攻めも、単純にいえば「3ヵ所を同時に攻める」テクニックになります。こちらも江戸時代から伝わる由緒正しいテクニックなのです。

多くの男性は、挿入したとたんにピストン運動だけに夢中になりがちです。それまで愛撫をしてた両手も口も、挿入した瞬間にお留守になってしまいます。これが原因で、女性もだんだん飽きたり冷めたりしてしまう。そうならないためにも、挿入中も他への刺激を絶えず与えてあげることが大切です。

多くの女性は、挿入中にもクリトリスに触られたいと思っています。さらにそこに、乳首への愛撫が追加されたのがこの「三所攻め」です。挿入、クリトリス、乳首の3ヵ所を同時に攻められることで女性は最高のエクスタシーを迎えます。三つ同時に刺激を受けることで、思考能力は奪われ、平面的だったセックスが立体的になります。

この三所攻め、女性が最も感じるクリトリスと乳首への刺激を与えるのが基本ですが、バリエーションはいろいろと考えられます。アナルを攻められたいという女性であれば、挿入中そこを指で刺激しながら、口は乳首へ、といった組み合わせも可能ですし、両手で乳首を愛撫しながら、舌で首筋を舐め上げる、といったように、相手の性感ポイントを組み合わせてみましょう。

2ヵ所攻めから練習

三所攻めは、女性の快楽を目的としていますが、男性にとっては結構な重労働です。体位によっては多少アクロバティックな動きもしなくてはなりません。初めから3ヵ所を攻めるのは大変なので、まずは2ヵ所攻めから始めてみましょう。

挿入しながらクリトリスを触る、挿入しながら乳首を吸う、といったように2ヵ所に刺激を与えることに集中します。これを実践するだけでも、女性はあなたの変化に驚くはずです。

挿入中クリトリスを触るのは単純なことのように思えますが、これを実行する男性は本当に数えるほどです。でもこれをセックスの基本としましょう。

また、これは挿入時だけでなく、クンニリングスの時にも応用しましょう。クリトリスを舐めながら片手では乳房や乳首を愛撫し、もう片手の指で、Gスポットを刺激します。これで女性が受ける快感は格段にアップします。常にあちこち別の場所を攻める、というのは、どんな場合にも喜ばれるテクニックとなります。

2ヵ所攻めに慣れ、三所攻めも習得したら、さらに4ヵ所攻め、さらに5ヵ所同時に性感帯を刺激する「五所攻め」へとレベルを上げていくことも可能です。両手、唇、舌はもちろんのこと、両足、膝、声、息など体中の使える部分を総動員して女性を喜ばせましょう。女性の体は感じてくると全身性感帯へと変化し、髪の毛の先まで感じます。ですから、膣、クリトリス、乳房に加え、足、耳、首筋、手、脇など、攻めるところはいくらでもあります。例えば、側位で挿入しながら、右手ではクリトリス、左手では左乳首、唇は濃厚なキスで舌を刺激、さらに膝で内腿をさする、などです。

「ここまでしないといけないのか」「体力的に持ちそうもない」という方もいるでしょう。しかし女性が真に解放されてあなたを欲する姿は、きっとあなたにも、すばらしい一体感と感動を与えてくれます。

《ホテルに誘うデート術》

デートに誘うのは2回連続のプランで

女性と知り合って、初めてのデートを終えた場合、次も会いたいと思うなら、必ず2回目のデートの約束を取りつけてから別れることです。ここで約束を取りつけられるかどうかが、その後ホテルに誘えるかどうかの境界線といってもいいくらいです。

もし約束をしないまま、女性から「じゃ、またこっちから連絡するね」と言われるのは気のない証拠。いつまで待っても連絡なんてこないことが多いでしょう。「ちょっと来週の予定は未定なの」という言い方も、もしかしたら本当かもしれないけど、何を差し置いてでもあなたと会いたいとまでは思ってないでしょう。ですから、2度目のデートの約束をすることは、女性の気持ちを測るバロメーターみたいなものです。

ここで、2度目のデートの上手な誘い方を教えましょう。例えば、「次は君が一番行きたいお店に連れて行って欲しいな」と言う。そうしたら彼女は自分がとても行きたいお店に行けるわけですから、次回のデートを心待ちにするでしょう。

とにかく、ふたりの時間が楽しくって、また会いたいと思ったら、女性は絶対に次のデートの約束をしてくれる。それが気のある証拠なのです。もし社交辞令のように言われたなら、さっさと身を引きましょう。

私が体験したスマートな誘い方

とても豪快でスマートな誘い方をされたことがあります。初デートはホテルのレストランで待ち合わせ。後から現われた彼がホテルの部屋の鍵を持ってぽんとテーブルに置いたのです。「ん？　部屋の鍵？」と少し驚きながらも見て見ぬフリをしていました。

食事中もずっとそのホテルの鍵が気になるのです。「なんで鍵を持ってるのかなあ？　やっぱり泊まるつもりなんだよな〜」と悶々としちゃう。でも彼は全然そのことに触れない。楽しみながらも気になるの！

最後までその話には触れず、食事が終わって「じゃ行こうか」って彼は席を立つ。勝手にエレベーターで部屋のあるフロアのボタンを押してスタスタ行くんです。「部屋においで」とも「来る？」とも聞かずに当たり前のように。楽しく「料理美味しかったね〜」と言いつつ、頭の中では「あたし今から部屋に行くんだよね〜」なんてドキドキ考えてしまいました。

部屋にはシャンパンが用意され、お花も飾ってあって雰囲気は最高。セックスした後に「私がノーって言ったらこの部屋にひとりで泊まろうと思ってたの？」と聞くと、「うん、そうだよ」とあっけらかんと答えました。そのくらいの度胸があれば、女性もびっくりを通り越して感動します。

この部屋に来るかな、とかウジウジ迷わずに、リスクを犯してでも行動する。来るか来ないか、それは男の賭けなのです。その度胸と覚悟に女は落ちてしまうのです。

第5章

中高年交接のススメ

1. 体位アドバイス

基本体位を見直す

たっぷり愛撫を施した後は、いよいよ性交に入りましょう。

世間には多くの体位が存在し、私も男性たちから様々な体位を教わりました。しかし果たして、複数の体位を一度のセックスに盛り込む必要があるのでしょうか。経験人数の多い私も含め、結局はベーシックな体位を好むのが女性の本音です。そこで、今一度基礎の体位を見直してみましょう。

①正常位

すべての体位の基本ともいえる正常位。この体位をうまくできなかったら、他の体位でうまくいくことなんてないのでは。これまでの自分のセックスを考え直すにも、ここに立ち戻ってみることが必要です。

挿入の基本は、7回浅く1回深く。何度か浅く挿入して女性をじらして油断させ、たまに深く挿入します。とはいえ、別に1・2・3・4……なんて数える必要はもちろんありません。要するにメリハリをつけなさいということです。

単調だと女性は飽きてしまいます。動かし方としては、カリ首でかき回すように「の」の字を描きながら腰をくねらせます。

それから、腰が悪い人、体力のない人は、女性の腰の下に枕を入れて位置を高くしましょう。そうすることによって、男性側の負担が軽くなります。

②騎乗位

女性が男性の上に乗る形の騎乗位。男性には、おっぱいを見たことのない角度から見たい、お尻のボリュームを感じたいといった、視覚的な願望があり、騎乗位を好む男性も多いと思います。

ただ女性に乗られているのではなく、下からおっぱいをもみながら、「上手だね」「下から見るとエロいよ」などと声をかけましょう。マグロではいけません。フェラチオでもそうですが、女性がサービスしてくれている時には、男性も声を出し興奮していることを伝えるように努力すべきです。

騎乗位では女性は上下運動をしているように思われがちですが、実は前後にスライドするような動きをしています。クリトリスがこすれて気持ちいいので、慣れた女性はこのようなグラインド運動をするのです。男性が下から突き上げる場合がありますが、タイミングがずれると女性も動きづらいので、呼吸を合わせるよう気をつけましょう。

騎乗位は男性にとって一番楽な体位。疲れている日に女性に誘われたら、「実は今日は疲れているから上に乗ってくれる?」と正直に頼んでしまうのも手かもしれません。

③座位

座位には、男女が向かい合った体勢で挿入する「対面座位」と、男性の膝の上に女性が座るような形で挿入する「背面座位」とがあります。私はちょっと面倒くさいなと思う体位ですが、好む女性も多いのです。

座位も、女性の体を愛撫しながら挿入できる「三所攻め」向きの体位です。対面ならば、女性をあたたかく抱きしめたり、熱烈にキスをしたり、じっと見つめあったりと、互いの愛情を確かめるようにしてみましょう。背面の場合は、とにかく乳首もクリトリスも刺激しやすいので、ここぞとばかりに攻めまくりましょう。

④後背位

後背位は女性が四つん這いの姿勢を取ることになり、腕にかなり負担がかかります。ですから、挿入前に女性の腹部の下に枕を重ねておいてあげると負担なく楽しむことができます。

シティホテルなら余分にいくつか枕も用意されていますから、女性が腕で体を支えなくてもいいくらいの高さにしてあげましょう。ご自宅であれば、クッションやマットレスを、もしくはベッドやソファに女性を上半身だけ横たわらせるような形にしてもいいでしょう。

⑤空竹《からたけ》割り

四十八手の中のこの体位、実は私の一番のお気に入りです。女性はオーガズムを迎えると、足を伸ばしたくなります。そのニーズにこたえるのが、この空竹割りです。

女性が足を閉じて、男性が足を開いて上に乗ります。女性は足をつっぱってイクことが多いので、この体位はフィニッシュにおすすめです。

ただしペニスは根元まで入らない体位なので、柔らかめの人だと抜けやすい点もあります。奥まで挿入したほうが気持ちよい男性とは違い、女性は膣の入口あたりの方に快感が走ります。

正常位とよく似ていて取り入れやすいのに、あまり知られていないのが残念です。おそらく、性交時には脚を開くもの、と女性が思い込んでしまっているのかもしれません。この体位で女性をイカせた後、他の体位で自分がゆっくりフィニッシュするのもいいんじゃないでしょうか。

三所攻めとの組み合わせ

今まで行なってきた基本体位に、これからは4章で述べた三所攻めを取り入れていきましょう。その際に気をつけてほしいことをいくつかご紹介いたします。

①後背位

一般的で、なおかつ三所攻めに適した体位というと、まずは後背位（バック）がよいでしょう。なぜなら、どの体位よりも男性の両手が自由になるからです。四つん這いになっている女性の腰を抱くようにするのが一般的ですが、その手を女性の体の下へ移動させれば、乳首への愛撫も容易です。

また、少し女性にのしかかるような体勢に移行すれば、クリトリスも楽に触れます。少し無理をすれば、首筋、耳に唇を這わせることもできるでしょう。うまく愛撫を組み合わせて楽しんでみてください。

②正常位

三所攻めに次に適した体位は、最もポピュラーな正常位です。

正常位では、女性は仰向けになり股を開きます。男性は女性の両足の間に膝をついた状態で挿入するとき、体を支える両腕を片手のみにし、あいた片手でクリトリスを触ります。そして体を曲げて頭を胸の方へ移動させて乳首を吸いましょう。

背の小さな男性ならこれで問題ないでしょう。ただ、背の高い男性と小さな女性の場合、口を乳房に持って行くのが困難かもしれません。

また、腕への負担も大きいので、辛いときには、正常位の別バリエーションを試してみることをお勧めします。通常、膝をついた状態の体勢で前屈みにのしかかっているわけですが、これをやめて、男性は上半身を完全に起こし、体を反らします。女性をベッドやソファなど少し高い所に寝かせるとスムーズでしょう。この体勢を取ることで、男性は自分の体の重みを腕で支える必要がなくなります。

また、結合部分が陰にならないのでクリトリスに触れやすくなります。片手でクリトリスを愛撫しながら、もう片手で胸を触りましょう。

逆に男性の体が女性に近づけば近づくほど、体の重みは増します。奥まで挿入できるという利点はありますが、両手は体を支えなくてはならず、三所攻めは困難な体位となります。

③側位

ふたりが横になる側位は、両手の自由が利いて、体の位置も動かしやすく、中高年向けの三所攻めには最適な体位と言ってよいでしょう。

側位には、正常位の変形である向き合う形の対面側位と、後背位の変形でふたりが同じ方向を向いた背面側位とがあります。前者であれば乳首を舐めるのが容易ですし、後者であればクリトリスが触りやすいのが利点です。側位で挿入し、片手はクリトリスを触りながら、もう片手で胸を触る、といったように行います。

「古今三朝の伝の羽交い締め（こきんさんちょうのでんのはがいじめ）」という江戸から伝わるテクニックがあるそうです。説明によると、「女を横にして、男は女の尻を抱いて後ろから押し込み、腰を使いながら上になっている手で女のさねがしらをソロソロとこすり、女を仰向かせて乳を吸う」とあります。

つまり、向き合う形の側位で挿入を行いながら、さねがしら（実頭）、クリトリスのことですね、そこを手で愛撫する。さらに乳首を吸う。まさに三所攻めのことを言っているのです。江戸時代から行われていた性の技術、現代でも取り入れない手はありません。

テクニックは少しずつ披露しましょう

私がオススメする体位は、愛撫から入りやすい正常位に始まって、体全体に快感が走る空竹割りでオーガズムを迎える流れです。

はじめから頻繁に体位を変えられると、お互いのツボも十分に探れず、女性は疲労を感じてしまいます。まずは基本のふたつを完璧にして三所攻めもこなせるようになった後、間に少しずつ別の体位を挟んでいきましょう。持っているテクニックを小出しにしていくことで、中高年夫婦に多く見られるマンネリ化対策にもなります。

女性が感じやすいオススメの交接の流れ

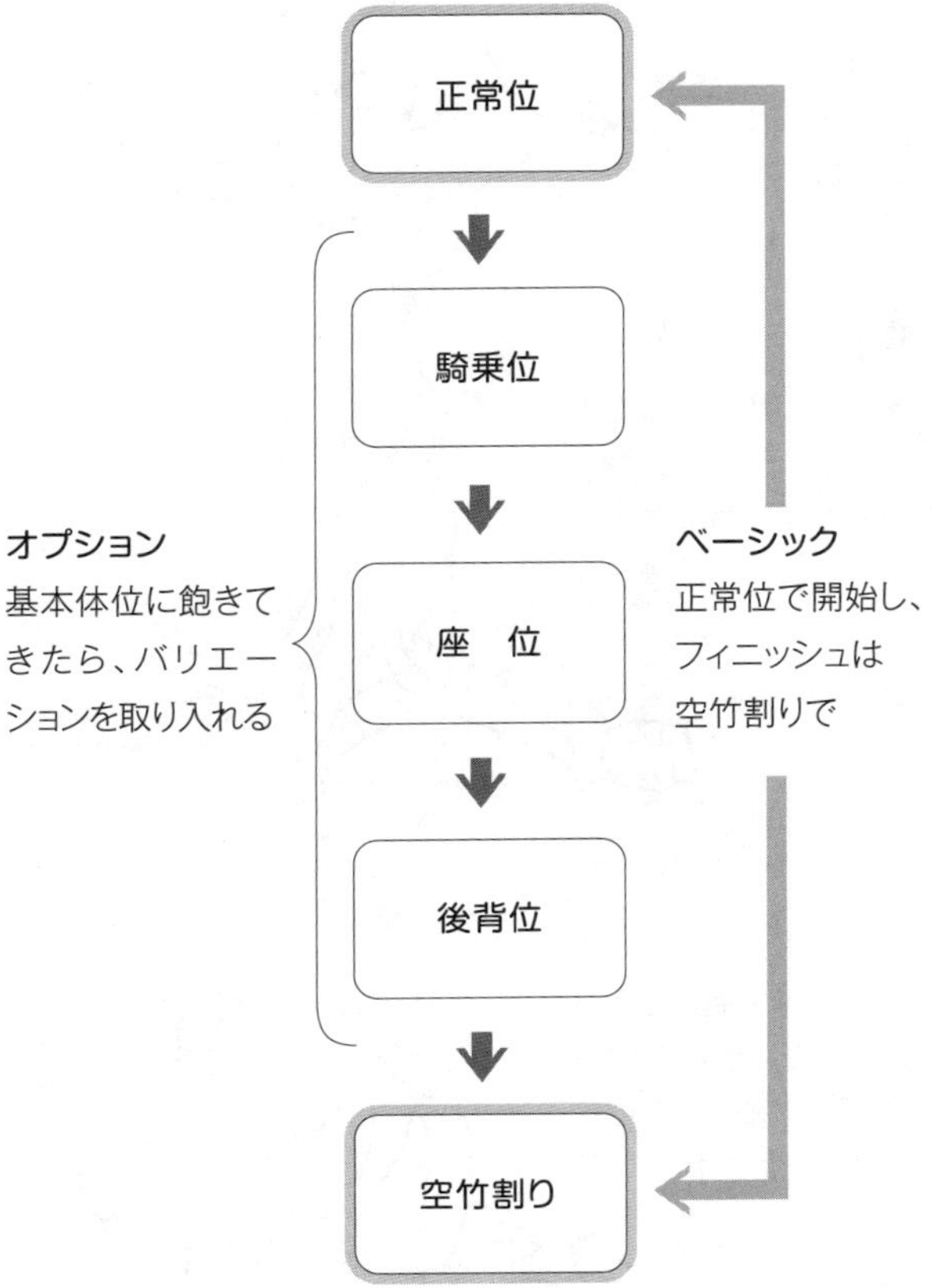

正常位

女性の腰の下に枕を入れる。片手で体を支え、片手でクリトリスを愛撫する。三所攻めをするには腕の筋肉を鍛えると効果的

騎乗位

声を出し、気持ちいいことを女性に伝えてあげる。女性の動きに合わせて呼吸を合わせるように動く

後背位

体重をかけても平気なように、女性のお腹の下に枕を敷いてあげるとよい。片手で乳首、もう片手でクリトリスを愛撫する

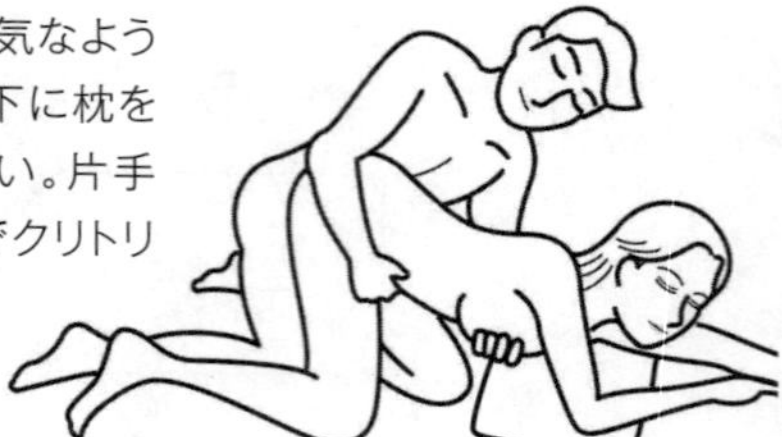

背面座位

クリトリス愛撫がしやすい。うなじや顔など、あらゆるところにキスができる。女性が背中を反らせば、乳首を吸うことも可能

側位

対面側位は乳首を攻めやすい。片手はクリトリスを愛撫する。クリトリスを傷つけないよう、持ち上げた女性の脚を大きく広げること

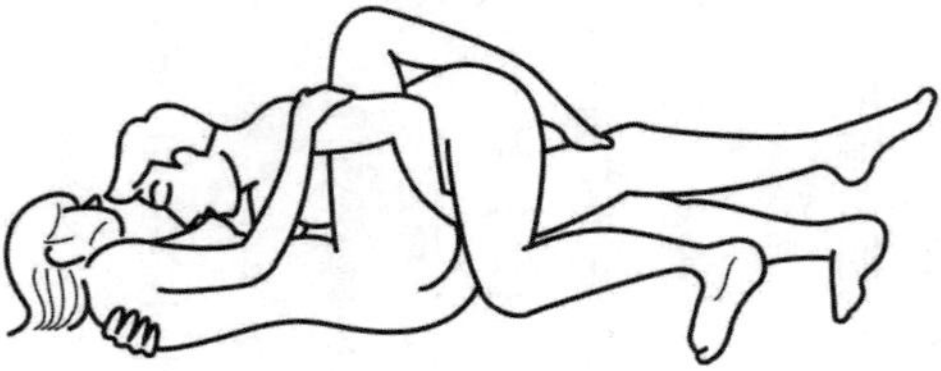

空竹割り

四十八手のひとつで、正常位から移りやすい体位。女性の足を伸ばし、手ではクリトリス、挿入では膣の入り口を刺激する

中高年向け体位

日本には、古くから伝わる四十八手があります。男性の中には、これを全部マスターしようと励む方もいるようです。全部覚える必要はもちろんありませんが、48種の中から、特に中高年の方に向けてオススメしたい2体位をご紹介します。

「矢はず掛け」は、正常位の変化形です。正常位で交接したまま、女性を抱きかかえるようにして体を横にします。そしてそのまま女性の足をつかみ、腰を前後に動かします。こうすることによって激しくペニスを動かさなくても、女性に快感を与えることができます。密着度も高いので、多少硬度に自信のない男性でも楽しめます。

「本手裏掛け」は、別名「裏正常位」とも呼ばれています。足を開いた状態の女性の上に、男性がお尻を向けるような形で乗ります。そしてそのまま、正常位とは逆方向に向けて挿入します。難易度は高い技ですが、半勃起状態でも挿入できる、中高年向けの体位です。

体位をいろいろと試すのは、カップルに倦怠期が訪れた時に効果的です。自分のペニスの状態に合った体位を探ると、新しい発見があるはずです。

矢はず掛け

女性の足が下がってきたら、右ひじを上手く使って自分の体と腕の間で支えるように押さえましょう

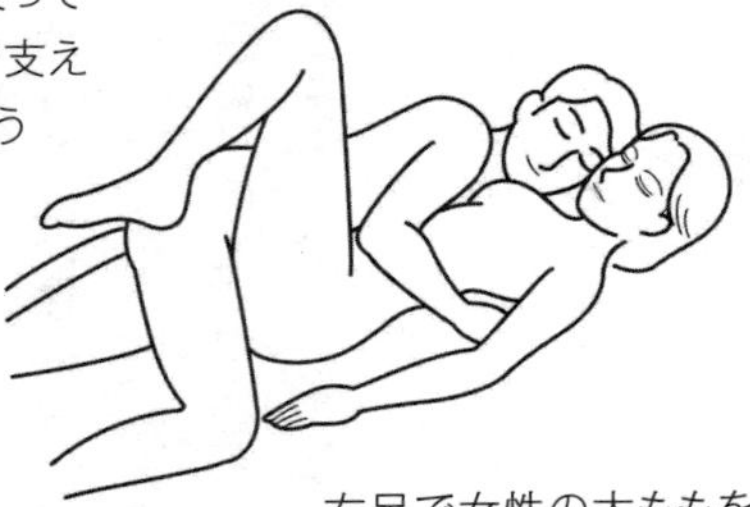

右足で女性の太ももを上向きに固定しましょう

本手裏掛け

ペニスの勃起角度が小さくても挿入しやすい

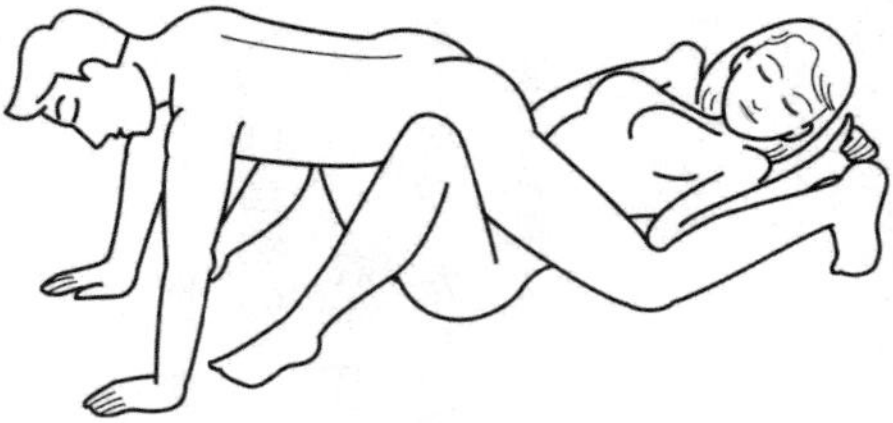

もし腕が辛いようなら、壁に手をついて体重を支え、挿入するのもよい。その場合、女性も足を壁につけられるので楽になる

2. 愛撫と交接を上手く切り替える

途中で柔らかくなっても気にしなくてよい

ここからは、中高年男性が抱きがちな不安や悩みに対してのお話をします。一定の年齢を過ぎれば、性欲自体や性機能が落ちていくのは当然のこと。例えば勃ちがあまりよくなくなった、なんていうのは一番多い悩みかもしれません。

愛撫重視の私のセックステクニックでは、あまり勃たなかったり途中で柔らかくなってしまっても気にしなくてもよいのです。では、実際に挿入の最中に萎えてしまったらどうしたらいいでしょうか。

それは、交接をその場で中止して、愛撫に戻ればいいのです。一般的に男性は挿入という行為を重要視するあまり、途中で抜いてしまうと女性の気持ちが冷めてしまうと考えるようです。そして勃たないことに焦り、さらに状況を悪くしてしまいます。でも話は単純です。挿入ができない状態になったら、他の方法で女性を喜ばせてあげればいい。それだけの話なのです。

「抜いたら女性が冷める」というのは、そもそも抜きっぱなしにするから冷めてしまうだけ。抜いた直後に丁寧な愛撫に切り替えてあげれば、それで女性は白けたり怒ったりなんかしません。逆に抜かれたことによって余計に興奮してもっと欲しくなります。途中で挿入を休憩するのは、長時間愛し合うためにむしろよいことです。

やっぱり自分の射精よりも女性を何度かイカせて楽しませて、自分は最後の最後でイク。または一緒にイク、というのがよいのではないでしょうか。

それに、挿入までに一所懸命女性を愛撫してあげていれば、女性にフェラチオをお願いしやすくなります。柔らかいペニスでも、愛する男性のものなら喜んで舐めてくれるはずです。してもらった分、良くしてあげたいと思うのは人間の心情としても当然の流れでしょう。もし抵抗されても、「ちょっと舐めてくれる?」と普通に甘えてみてもよいのではないでしょうか。

性の国・中国のセックステクニック「房中術《ぼうちゅうじゅつ》」

第2章で漢方について触れたように、中国はやはりあれだけの人口を抱えるだけあって、セックスにとても貪欲な国民性です。食べ物にしても、強精強壮に効く動植物を多く取り入れ、とにかく精のつくものが多いです。四千年の歴史の中で、中国人は常に若返り、果ては不老不死を追い求めてきました。その中で蓄積された知識には、現代の私たちにも役立つものがたくさんあります。

その一例が「房中術」と呼ばれるものです。房中とは寝室のことですから、性のテクニックについて細かに決められています。どんな体位がいいのか、女性の反応をどう見るのかといったことです。

この房中術が作られた目的に、「皇帝の不老不死」があります。昔の皇帝は、権力を持っているから、毎晩いろんな女性とセックスをして、それで精も根も疲れ果てて、早死にしてしまいました。そんな生活環境で、いかにいつまでも若々しく元気にいるかという工夫が考案されました。それが、「セックスをしても絶対射精はしない」という方法です。

だから、女性と毎日セックスしつつも寸止めして我慢するのです。我慢することによって、ある程度溜まった精子は、夢精のように無意識に外に出てしまう場合もあります。夢精で出ない場合、精子は、もう一度体の中に吸収されてしまいます。そのときに、ある特別なホルモンが分泌される。それが若返りのホルモンだと、中国ではずっと言われています。

2泊3日の射精コントロールトレーニング

セックスをしても、射精はしないことが若くいるための秘訣と言われても、これをいきなり実践するのはなかなか難しいことです。若者と違って、射精をそれほど重視するなと言っても、やはり、出さなきゃ達成感がないというのも当然の話です。そこでオススメするのが、「2泊3日の射精コントロールトレーニング」です。

女性と2泊3日の旅行に出かけます。旅行先でセックスをするときに、3日目まで射精をしない。1日目、2日目にセックスをしても射精は、寸止めで我慢するのです。ずっと出さないでいるのは大変ですが、2泊3日くらいならコントロールできる、という発想です。

若い頃と違って、中高年男性は、2日続けてセックスができない場合もあります。2泊3日の旅行で初日に精子を出してしまうと、疲れて後は勃たない恐れがあります。せっかく旅行がスタートしても次の日セックスができないで寝るだけだったら女性もつまらなく感じるでしょう。

だからまず、旅館に着いたらお風呂や温泉に入って、いちゃいちゃして、セックスをする。でも女性を満足させることに励んで、自分は射精を我慢する。射精してない男性は、ずっとエッチな気分のまま。だから、食事してもおっぱいや太腿を触ったり、1日中エッチな気分でいられるのです。次の朝は次の朝で、出していないから朝立ちも望めます。

このように我慢に我慢を重ねて、最終日の朝か前夜に一気に出す。ものすごく解放感がありますし、普段は多少元気のない人でも、気持ちよい射精が訪れます。

逆に早漏気味の人は、旅行の前日にセルフプレジャーをして、射精をしてから臨んでもいいですね。そうすれば旅行初日からうっかり出してしまうことが防げます。これは旅行だけではなく、デートでも使えるテクニック。例えば、セックスできるかどうかわからない相手とのデートの際。「今日ももしかしたらできるかもしれない！」って精力を貯めて臨むと、鼻息が荒くなってしまい、女性を必要以上にエッチな目で見てしまいます。そんな目で見ていると、女性は圧迫感を感じて嫌になってしまうものです。だからエッチできるかわからないときは、事前に出してすっきりして行ったほうがスムーズにいくでしょう。

そんな風に自分の体質や癖を把握して、射精をある程度コントロールできるようになるのがモテる秘訣です。

ムリをしないこれからのセックス

若いころは激しいセックスに明け暮れたという人も、中年を過ぎればいろいろなところで衰えが始まります。しかし工夫次第で無理なく充実したセックスを送ることはできるのです。

例えば、視覚をうまく使うことを覚えましょう。女性も男性同様、視覚から興奮を覚えるものです。マンネリ化、セックスレス化したふたりには、セルフプレジャーの見せ合いがお勧めです。お互いに感じている表情を見せ合うことで興奮が高まりますし、勃ちの悪い男性も自分で触れば勃起しやすいでしょう。プレイとして見せつつも自分を回復させるという、無理のないテクニックです。

また、性器の接合部分を見ることで興奮度が高ります。「ほら、ふたりがつながっている部分を見てごらん」と囁いて見せてあげる。女性は「恥ずかしい」と照れながらも、刺激を受けているのです。

接合部分を触らせてあげるのも刺激的です。男性にとっても、性器の感覚にあわせて指の感覚もプラスされるのでよいですね。このように必死に体を使って奉仕しなくても視覚だけで女性を興奮させられます。

また時には道具を使うのもよいでしょう。少し手首を縛ったり、目隠しをしたりといったソフトSMを喜ぶ女性もいます。どんなプレイでもお互いの了解があれば愛が深まります。若い頃にはうまくできなかったことが徐々に洗練され、新たなテクニックを持てるというのも歳を重ねる利点なのです。

オトコ遍歴プロファイル⑤

射精しない男

私を楽しませてくれた男性のひとりに絶対に射精をしない人がいました。あえてイカないようにしている、という彼のセックスは本当にすごかった！　一緒に旅行をした時は、宿に着くなりセックスを始め、私に潮を吹かせながらひたすらイカせてくれました。彼は自分の射精をコントロールできるので、疲れることなく一日中セックスができたのです。

当時、彼はすでに中年でしたが、若々しく体力がありました。やはり、射精を我慢できるようになると特別なホルモンが分泌されるのでしょうか。ちなみに、彼のペニスは赤ちゃんみたいでつやつや！　睾丸もハリがあって思わず見とれてしまうほどでした。

おわりに

セックスをどう考えているかは、イコール、人との関係をどう考えているかということに他なりません。セックスで女性に快楽や充実感を与えることができる男性は、女性を尊重し、大切にできる人だと言えます。あなたが女性に喜ばれるセックステクニックを手にしたということは、女性の気持ちを思いやれる大人の男性になったということなのです。

そんな魅力的な男性を、女性が放っておくわけはありません。若い女性でも、余裕のあるオジサマに魅力を感じる人が増えています。あなたが変われば、いくつになってもチャンスは訪れるはずです。あなたが男性として魅力的ならば、奥さんも嬉しいですし、家庭もきっと上手くいくはず。

家庭円満の秘訣もセックスにあるのです。

ここまで、中高年男性に向けたさまざまなテクニックをご紹介してきました。みなさんもこれらをヒントに、モテる男性に生まれ変わってください。世の中にモテる男性が増えるということは、多くの女性が幸せになるということです。女性が幸せになれば、少子化問題さえ解決できると私は思っています。ですから、あなたがいい男になることは、社会貢献でもあるのです。

本書には、私が持てるかなりの知識を盛り込みました。この1冊であなたも確実に変われるはずです。

ただ、実際の愛撫の仕方など、直接習って覚えたいという方もいるでしょう。そんな男性は、ぜひ私が開講している「セクシャルアカデミー」を受講してみてください。今までにたくさんの男性が、私のアドバイスや、個人レッスンを通じて、自信を取り戻していきました。私ひとりの意見や経験だけではなく たくさんの女性の思いや願いを、私が代表して教えています。

銀座の女として生きる中で、たくさんの男性との出会いがありました。相性の合う人、合わない人、さまざまです。たくさんのつまらないセックスも体験しました。

そして、本当にすばらしい男性に出会った時、それまでのセックスってなんだったのかしら、と初めて気づいたのです。

あなたも本書の内容を実践して、女性に本当の喜びを教えてあげてほしい。私が出会った1000人にひとりの男性のような存在に、なってほしいと思います。

田辺まりこ

公式サイト　http://www.sexual-ac.jp/

参考文献

『ラストラブ　Last Love』　二松まゆみ　山崎伸治／翔年社
『悩み多きペニスの生涯と仕事』　ボー・コールサート　江間那智雄＝訳／草思社

田辺まりこ（たなべ まりこ）

北海道札幌市生まれ。札幌でホステスをしていたところをスカウトされ、21歳で銀座デビュー。著名人の集う高級クラブ「姫」で数年にわたってナンバーワンをキープした後、30歳で独立。座って10万円が当たり前の銀座で飲み放題クラブをオープンさせ大繁盛し、その後も塩で食べる鮨屋、会員制ラーメン店、結婚相談所などのビジネスで成功を収める。現在はカウンセリング講座「セクシャルアカデミー」を開設し、全国から来る生徒に実技指導を行なっている。政財界の多くの方と親交が深く、スポーツ界、芸能界にも顔が広い。

公式サイト
http://www.sexual-ac.jp/

枯れない男のセックステクニック

ベスト新書 194

二〇〇八年八月二十日　初版第一刷発行
二〇〇八年九月　十日　初版第三刷発行

著者◎田辺まりこ
発行者◎栗原幹夫
発行所◎ＫＫベストセラーズ
東京都豊島区南大塚二丁目二九番七号　〒170-8457
電話　03-5976-9121(代)　振替　00180-6-103083

装幀◎坂川事務所
帯イラスト◎安田弘之
本文イラスト◎Bass Man
企画協力◎中村恵子
印刷所◎錦明印刷
製本所◎ナショナル製本

ISBN978-4-584-12194-8 C0236